JN441282

환경 기념일로 읽는
지구 생태 신문

환경 기념일로 읽는
지구 생태 신문

초판 1쇄 펴낸날 2026년 1월 28일

지은이 정한나
펴낸이 허주환, 현준우

총괄 김현지
책임편집 최은지
편집 정수경
마케팅 윤유림, 정원식
디자인 지수
제작 이정수, 박지수

펴낸곳 ㈜아이스크림미디어
출판등록 2007년 3월 3일(제2011-000095호)
주소 13494 경기도 성남시 분당구 판교역로 225-20(삼평동)
전화 031-785-8988
팩스 02-6280-5222
전자우편 books@i-screammedia.com
홈페이지 www.i-screammedia.com
인스타그램 @iscream_book
블로그 blog.naver.com/iscream_book

ISBN 979-11-5929-532-4 73400

환경 기념일로 읽는
지구 생태 신문

정한나 지음

i-Scream media

차례

사용하기 전에 읽어 보세요 8

들어가며 9

새롭게 시작하는 1월

1월 1일 | 지구 가족의 날: 우리는 모두 한 가족 12

1월 21일 | 다람쥐 감사의 날: 귀여운 다람쥐 덕분에 나무가 자란다고? 16

1월 24일 | 세계 휴대 전화 재활용의 날: 휴대 전화, 함부로 버리면 안 돼요! 20

1월 28일 | 세계 이산화 탄소 배출 감축의 날: 이산화 탄소와 기후 변화 이야기 24

짧지만 설레는 2월

2월 2일 | 세계 습지의 날: 건강한 지구를 만드는 습지 30

2월 14일 | 세계 보노보의 날: 사람과 가장 닮은 보노보 34

2월 16일 | 교토 의정서의 날: 기후 위기 문제 해결을 위한 세계의 약속 38

2월 셋째 주 토요일 | 세계 천산갑의 날: 야생 동물 밀렵 멈춰! 42

새로운 만남의 3월

3월 3일 | 국립 공원의 날: 국립 공원에 대해 알고 있나요? 48

3월 11일 | 후쿠시마 원전 사고일: 절대 일어나서는 안 됐던 사고 52

3월 30일 | 세계 제로 웨이스트의 날: 쓰레기를 하나도 만들지 않는 날 56

3월 마지막 주 토요일 | 어스 아워: 전 세계가 1시간 동안 불을 끄면? 60

따뜻함을 선물하는 4월

4월 5일 | 식목일: 나무를 심기 위해 학교에 안 갔다고요? 66

4월 22일 | 지구의 날: 오늘은 지구의 생일 70

4월 24일 | 세계 실험동물의 날: 실험동물의 고통을 줄여요 74

4월 29일 | 세계 골프 없는 날: '녹색 사막'이라고 불리는 골프장 78

마음을 표현하는 5월

5월 10일 | 바다식목일: 바다식목일이 따로 있다고? 84

5월 둘째 주 토요일 | 세계 공정 무역의 날: 저렴한 물건의 진짜 가격 88

5월 20일 | 세계 꿀벌의 날: 꿀벌이 사라지면 큰일 나요! 92

5월 22일 | 세계 생물 다양성의 날: 다채로울수록 건강한 생태계 96

환경의 달 6월

6월 1일 | 세계 산호초 인식의 날: 산호초를 지켜야 해요 102

6월 5일 | 환경의 날: 모든 생명에게 중요한 환경 106

6월 17일 | 세계 사막화 방지의 날: 사막이 계속 넓어진다면? 110

6월 20일 | 세계 난민의 날: 환경 문제로 떠나야 하는 사람들 114

야생 동물 보호의 달 7월

7월 3일 | 세계 일회용 비닐봉지 없는 날: 환경을 위협하는 일회용 플라스틱 120

7월 6일 | 세계 인수 공통 감염병의 날: 모두 함께 건강하려면 124

7월 14일 | 상어 인식의 날: 바다 생태계를 지키는 상어 128

7월 26일 | 세계 맹그로브 생태계 보존의 날: 바다와 육지를 잇는 생명의 숲 132

무더위 속에서 환경에 대해 고민하는 8월

8월 8일 | 무궁화의 날: 뜨거운 여름을 물들이는 무궁화 138

8월 12일 | 세계 청소년의 날: 우리의 목소리가 미래를 바꿔요 142

8월 12일 | 세계 코끼리의 날: 코끼리의 위기와 희망 146

8월 22일 | 에너지의 날: 지구를 살리는 에너지 사용법 150

푸른 하늘을 올려다보는 9월

9월 7일 | 푸른 하늘의 날: 맑은 공기, 푸른 하늘 156

9월 7일 | 곤충의 날: 친환경 미래 먹거리, 곤충 160

9월 16일 | 세계 오존층 보호의 날: 오존층을 지켜 낸 우리의 성공 이야기 164

9월 29일 | 세계 음식물 손실 및 음식물 쓰레기 인식의 날: 소중한 음식물이 버려지지 않도록 168

풍요로움을 나누는 10월

10월 2일 | 세계 농장 동물의 날: 비좁은 공간에서 살아가는 농장 동물 174

10월 10일 | 세계 동물 찻길 사고 인식의 날: 동물에게도 안전한 길 178

10월 16일 | 세계 식량의 날: 기후 위기와 우리의 먹거리 182

10월 21일 | 세계 지렁이의 날: 작지만 위대한 지렁이 186

따뜻한 마음을 준비하는 11월

11월 6일 | 세계 전쟁 및 무력 분쟁 중 환경 파괴 방지의 날: 자연은 전쟁의 또 다른 희생자 192

11월 10일 | 평화와 발전을 위한 세계 과학의 날: 환경에 영향을 주는 과학의 발전 196

11월 21일 | 세계 어업의 날: 바다의 미래를 지키는 지속 가능한 어업 200

11월 마지막 주 금·토요일 | 아무것도 사지 않는 날: 소비를 멈추고 지구를 생각하는 하루 204

희망을 노래하는 12월

12월 3일 | 소비자의 날: 지구를 위한 현명한 소비자의 선택 210

12월 4일 | 야생 동물 보호의 날: 야생 동물을 위한 따뜻한 마음 214

12월 7일 | 태안 기름 유출 사고의 날: 바다를 다시 깨끗하게 만든 협력의 힘 218

12월 20일 | 세계 인류 연대의 날: 지구 가족을 위해 연대해요 222

정답 226

✦ 사용하기 전에 읽어 보세요 ✦

1단계 신문 읽기

•신문 기사를 통해 환경과 관련된 다양한 기념일을 알아봐요.

•기사 속 핵심어를 직접 적어 봐요.

2단계 어휘가 쑥쑥

•신문 기사에 나온 중요한 어휘를 재미있는 퀴즈를 통해 다시 확인해요.

•뜻을 이해하며 읽다 보면 어휘력이 자연스럽게 쌓여요.

•책 뒤쪽에서 정답을 확인하며 다시 한번 복습해요.

3단계 생각이 쑥쑥

•기사를 바탕으로 왜 이런 문제가 생겼는지, 어떤 의미가 있는지 스스로 생각해 봐요.

4단계 기념일 배경

•이 기념일은 언제, 왜 만들어졌을까요?

•기념일이 생긴 배경을 타임라인으로 한눈에 살펴봐요.

5단계 더 읽을 거리

•기념일과 관련된 환경 이야기와 흥미로운 정보를 더 깊이 알아봐요.

•신문 기사 너머의 이야기를 통해 환경을 보는 시야를 넓혀요.

6단계 도전! 활동하기

•기사 주제와 관련하여 우리가 할 수 있는 일을 생각해 봐요.

•작은 실천부터 시작하며 환경을 아끼는 마음을 키워요.

✦ 들어가며 ✦

지금 달력을 한번 들여다보세요. 여러 기념일이 표시되어 있지요? '기념일'이란 특별한 사건이나 주제를 기념 또는 기억하기 위해 특정 날짜에 지정한 날이에요. 세상에는 달력에 표시된 기념일 말고도 다양한 기념일이 많이 있답니다.

기념일은 종류도 다양해요. 국제회의를 통해 만든 유엔 기념일, 국가에서 정한 국가 기념일, 비정부 기구(NGO)나 시민 단체, 기업 등이 만든 민간 기념일 등이 있지요. 우리는 지금부터 환경 기념일이 만들어진 이유에 더해 관련된 이야기를 자세히 알아볼 거예요. 무엇을 중요하게 여겨야 할지 진심으로 깨닫기 위해서 말이에요.

매일매일을 기념하며 환경을 소중히 여기는 마음을 키우고 우리가 지구를 위해 무엇을 할 수 있을지 함께 고민해 봐요.

새롭게 시작하는 1월

1월은 새로운 해가 시작하는 달입니다. 많은 사람이 새해가 되면 '올해는 좀 더 나은 사람이 되고 싶다'는 마음으로 다양한 다짐을 하곤 하지요. 이를테면 아침에 일찍 일어나기, 긍정적인 마음 가지기, 다른 사람들에게 친절해지기 같은 다짐들 말입니다. 여기에 지구를 위한 새해 다짐도 하나 더해 보면 어떨까요?

올해는 다양한 생명이 복잡하게 얽혀 함께 살아가는 지구 공동체에 세심하게 관심을 기울여 봅시다. 지구의 다양한 생명에 대해서 알아보고, 그들이 처한 어려움을 이해하려고 노력하다 보면 자연의 소중함도 더 깊이 느낄 수 있을 것입니다. 지금, 그 첫걸음을 함께 떼어 봅시다.

1월	1/1	1/3
비거뉴어리*	지구 가족의 날	낙동강 수질 오염 사건일
1/5	**1/10**	**1/19**
세계 조류의 날	(미국) 반려 식물 감사의 날	존재에 대한 다정함의 날
1/20	**1/21**	**1/24**
야외 산책의 날	다람쥐 감사의 날	세계 휴대 전화 재활용의 날
1/26	**1/28**	**1/31**
세계 환경 교육의 날	세계 이산화 탄소 배출 감축의 날	세계 얼룩말의 날

* 1월 한 달 동안 채식하는 캠페인.

우리는 모두 한 가족

#가치관 #공존 #생태계 #생태 시민성 함양 #__________

매년 1월 1일은 '지구 가족의 날(Global Family Day)'입니다. 지구 가족이란 지구촌 전체를 의미합니다. 지구 가족이라는 단어에는 지구에 살아가는 모든 사람을 하나의 가족으로 **통합**하자는 뜻이 담겨 있습니다.

가족끼리는 서로 아끼고 보살피며 행복하게 살아가길 바랍니다. 만약 지구에서 살아가는 모든 사람이 서로를 내 가족이라고 여긴다면 세상은 어떻게 달라질까요? 심각한 갈등이나 전쟁, 고통 등이 사라지지 않을까요? 이런 **관점**에서 이날은 '세계 평화와 나눔의 날'이라고 불리기도 합니다.

지구 가족에는 사람들만 포함되는 걸까요? 우리는 평소에 인간 중심의 삶과 사고방식에 익숙해져 있지만, 지구는 우리만의 공간이 아닙니다. 지구 가족에는 인간뿐 아니라 지구에 살아가는 모든 동물과 식물, 나아가 바다와 숲, 하늘과 땅 등의 자연까지 포함될 수 있습니다.

인류에 의한 환경 오염과 **생태계** 파괴가 심각해지면서 모두의 생존이 위협받고 있는 지금, 지구 가족의 확장된 개념은 아주 중요하지요. 동식물과 자연을 포함해 지구 전체가 하나의 가족이 되는 것이야말로 진정한 의미의 지구 가족이라고 할 수 있습니다.

지구 가족의 날이 특별한 이유는 바로 다양한 지구 가족 구성원에 대해 생각할 기회를 제공한다는 점이 아닐까요? 지구 가족을 소중히 여긴다는 것은 지구에서 함께 살아가는 모든 생명과 자연을 존중하고 배려하는 태도를 갖는 것입니다.

어휘가 쏙쏙

기사에 나온 단어와 단어의 뜻을 알맞게 짝지어 봅시다.

통합	세계의 모든 사람.
관점	어떤 일을 바라보고 생각하는 태도.
인류	여러 개로 나뉘어 있는 것을 하나로 합침.
생태계	생물과 그들이 살아가는 환경이 서로 영향을 주고받는 자연의 모습.

생각이 쏙쏙

1. 지구 가족의 날을 기념하는 이유는 무엇인가요?
2. 지구 가족에 동식물과 자연을 포함해야 하는 이유는 무엇인가요?
3. 현재 인류는 동식물과 자연을 어떻게 대한다고 생각하나요? 왜 그렇게 생각하나요?
4. 사람들이 지구의 동식물과 자연을 자신의 가족처럼 여기려면 사람들의 생각과 행동은 어떻게 바뀌어야 할까요?

기념일 배경

지구 가족의 날이 세계적인 기념일이 된 배경에는 미국의 환경 운동가 린다 그로버의 노력이 있습니다. 그로버는 1996년 『평화를 위한 하루, 2000년 1월 1일』이라는 책의 출간을 후원했습니다. 이 책에서 2000년 1월 1일은 전 세계가 조화롭게 공존하는 날로 선택된 날입니다.

그로버는 책 내용처럼 2000년 1월 1일을 평화의 날로 정하기 위해 많은 사람에게 열심히 홍보했습니다. 2000년을 앞둔 1999년에는 유엔 회원국에 1월 1일을 평화를 위한 기념일로 만들자고 공식적으로 요청하기도 했지요.

참고로 국제 연합이라고도 불리는 유엔(United Nations)은 세계 평화와 정치, 경제, 사회, 문화 등 모든 분야의 발전을 위해 협력하는 국제기구로 인류 역사상 가장 큰 규모의 국가 간 연합체이자 많은 국가가 모이는 회의 기구입니다.

아쉽게도 2000년 1월 1일에 기념일이 만들어지지는 못했지만, 1년 뒤인 2001년에 유엔은 '지구 가족의 날'을 세계적인 기념일로 선포했습니다.

타임라인

1997년	1999년	2001년
유엔은 '세계 어린이를 위해 평화와 비폭력 문화를 만들 것을 노력하는 10년'이 시작되어야 한다고 선언했습니다.	2000년 1월 1일을 평화를 위한 날로 정하자는 요청이 모든 유엔 회원국에 발송됐습니다.	유엔은 지구 가족의 날을 세계 기념일로 선포했습니다.

더 읽을 거리 1 책 『평화를 위한 하루, 2000년 1월 1일』

우리나라에는 출간되지 않은 이 책의 줄거리를 알아볼까요? 몇몇 아이들이 세상이 단 하루 동안이라도 평화롭기를 바라며, 그날을 2000년 1월 1일로 정합니다. 아이들은 가족, 친구, 학교 그리고 전 세계로 이 아이디어를 퍼뜨리지요. 아이들은 뉴스와 인터넷을 통해 홍보하며 여러 나라의 지도자들에게 편지를 보냅니다. 그 결과 많은 나라가 아이들의 아이디어에 동참하고 결국 2000년 1월 1일은 전 세계가 평화를 기념하는 날이 됩니다.

더 읽을 거리 2 지구 가족의 구성원은 어떻게 될까?

지구 가족의 구성원이 얼마나 많고 다양한지 정확하게 셀 수는 없지만, 어떤 구성원이 많은지 비교할 수는 있습니다. 생물 총량(biomass)으로 말이죠. 생물 총량이란 지구상에 존재하는 모든 생명체의 총량을 의미하는데, 보통 생명체의 무게로 측정합니다. 식물은 지구 생물 총량의 대부분인 약 82퍼센트를 차지하고 있지요. 그다음으로는 버섯, 곰팡이 등의 균류와 박테리아, 세균 등의 미생물이 약 17퍼센트를 차지하고요. 동물의 총량은 약 1퍼센트밖에 되지 않습니다. 동물 중에서는 곤충과 물고기가 대부분을 차지합니다. 생물 총량에서 인간이 차지하는 비율은 약 0.01퍼센트에 불과합니다.

도전! 활동하기

- 내가 아껴 주고 싶은 동물이나 식물 정하기
- 지구 공동체의 평화를 위해 내가 할 수 있는 일을 찾아 다짐하는 글 작성하기
- 다양한 지구 가족의 모습을 잘 담은 영화나 다큐멘터리 감상하기
- 어려움을 겪는 지구 가족의 상황을 조사하고, 도울 방법에 대해 토의하기

귀여운 다람쥐 덕분에 나무가 자란다고?

#동물 #생태계 #생태 시민성 함양 #___________

나무를 타고 오르는 다람쥐를 본 적 있나요? 깜찍한 생김새 덕분에 많은 사람이 귀여워하는 다람쥐를 기념하는 날도 있습니다. 바로 1월 21일, '다람쥐 감사의 날'입니다.

우리가 다람쥐에게 감사해야 하는 이유는 무엇일까요? 다람쥐는 먹이를 못 구할 때에 대비해 도토리 등 나무 열매들을 땅속에 저장하는 **습성**이 있습니다. 숲 여기저기에 2센티미터 정도 깊이로 땅을 파서 도토리를 묻어 두지요. 땅에 묻어 둔 도토리는 다람쥐가 나중에 다시 찾아내기도 하지만, 땅속에 남겨진 도토리는 훗날 싹이 트면서 참나무로 자라납니다. 맨땅이나 낙엽, 바위 위에 떨어진 도토리는 **지탱**할 흙이 없어 잘 자라기가 힘들지만, 땅에 얕게 묻힌 도토리는 싹을 틔워 내지요. 한 연구에 따르면, 다람쥐는 땅에 묻은 도토리의 95퍼센트 이상을 찾아내지 못한다고 합니다. 다람쥐가 숲을 울창하게 만드는 데 큰 역할을 하고 있는 셈입니다.

숲이 우리와 여러 동식물에게 주는 **혜택**들을 생각해 보면 다람쥐에게 감사해야 한다는 의미를 이해할 수 있겠지요?

다람쥐에 대한 재미있는 OX 퀴즈

① 다람쥐의 앞니는 멈추지 않고 끊임없이 자란다. ( )

② 다람쥐는 식물의 잎이나 열매만 먹는 초식 동물이다. ( )

③ 다람쥐를 야생에서 발견하면 만져도 된다. ( )

④ '다람쥐'라는 이름은 '달리는 쥐'라는 의미다. ( )

어휘가 쏙쏙

단어의 뜻을 살펴보고, 주어진 자음과 모음을 조합해 단어를 만들어 봅시다.

1. 어떤 동물의 공통된 성질.

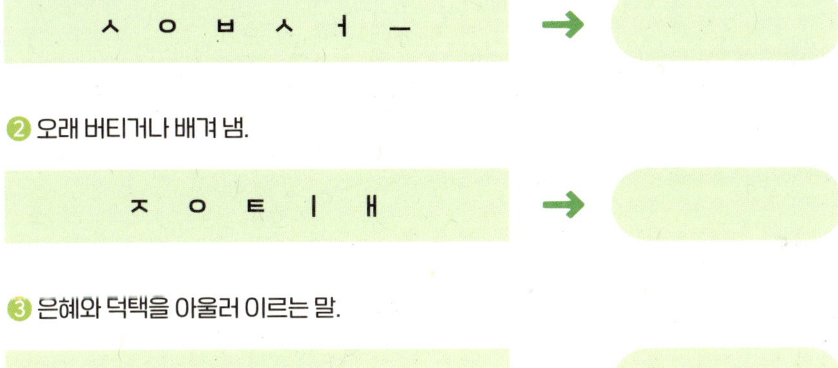

2. 오래 버티거나 배겨 냄.

3. 은혜와 덕택을 아울러 이르는 말.

ㅌ ㄱ ㅎ ㅖ ㅐ →

생각이 쏙쏙

1. 다람쥐가 도토리를 땅에 묻는 이유는 무엇인가요?
2. 다람쥐가 묻어 둔 도토리가 나무로 자랄 수 있는 이유는 무엇인가요?
3. 숲이 사람들에게 주는 혜택에는 어떤 것들이 있을까요?
4. 다람쥐가 이 세상에서 없어진다면 무슨 일이 생길까요?

기념일 배경

미국의 야생 동물 재활 전문가 크리스티 하그로브는 2001년 다람쥐 감사의 날을 만들었습니다. 하그로브는 왜 이런 날을 만들었을까요? 다람쥐는 사람들이 쉽게 볼 수 있는 흔한 야생 동물 중 하나입니다. 나무만 있다면 도시나 공원, 대학 캠퍼스에서도 볼 수 있습니다. 그래서 사람들은 다람쥐의 존재를 당연하게 여깁니다. 이와 더불어 마실 물이 꽁꽁 얼어붙고, 먹이도 부족한 추운 겨울이 다람쥐에게 얼마나 힘겨운 시기인지 별로 관심이 없지요. 이에 하그로브는 사람들이 겨울철 먹이를 구하기 힘든 다람쥐를 위해 음식과 물을 준비하고, 다람쥐를 소중히 여기는 태도를 가지도록 이날을 만들었습니다.

타임라인

2001년	2017년	2023년
다람쥐 감사의 날이 공식적으로 선포되었습니다.	국내 최초 다람쥐 다큐멘터리 「THE람쥐」가 방영되었습니다.	3만 년 전 겨울잠을 자다 죽은 다람쥐가 미라 상태로 발견되었습니다.

더 읽을 거리 1 겨울잠을 자는 다람쥐는 왜 겨울철에 먹이가 필요할까요?

동물이 활동을 중단하고 땅속이나 동굴 등에서 겨울을 보내는 것을 '겨울잠'이라고 합니다. 다람쥐는 겨울잠을 자는 대표적인 동물로, 먹이가 부족한 겨울철에 땅굴에서 잠을 자며 에너지를 아낍니다. 그러나 다람쥐가 겨울에 계속 잠만 자는 것은 아닙니다. 일정한 간격으로 깨어나 저장된 먹이를 먹어야 하기 때문입니다. 이때를 대비해 다람쥐는 겨울잠을 자는 땅굴 주변에 먹이를 저장해 놓습니다.

더 읽을 거리 2 다람쥐와 청설모

야외에서 다람쥐나 청설모가 나무를 타고 휘리릭 빠르게 지나가면 구별하기 쉽지 않습니다. 하지만 다람쥐와 청설모는 다른 점이 무척 많습니다. 먼저 생김새가 다릅니다. 다람쥐는 갈색 털에 검은 줄무늬가 있고 청설모는 청회색의 털에 줄무늬가 없습니다. 청설모가 다람쥐보다 덩치도 크고 꼬리도 풍성하지요. 다람쥐는 주로 낮에 활발하게 활동하며 땅에서도 먹이를 찾지만, 청설모는 나무 위에서 보내는 시간이 더 많습니다. 그리고 다람쥐는 겨울잠을 자지만, 청설모는 겨울잠을 자지 않습니다.

▲ 다람쥐 ▲ 청설모

도전! 활동하기

- 다람쥐의 다양한 습성을 더 조사하기
- 다람쥐 다큐멘터리 시청하기
- 다람쥐에게 감사의 마음을 담은 편지 쓰기
- 다람쥐의 생김새를 자세히 관찰하고 그리기
- 다람쥐의 먹이가 되는 도토리를 주워 가지 않을 것을 캠페인 하기

휴대 전화, 함부로 버리면 안 돼요!

#환경 오염 #자원 순환 #윤리적 소비 #__________

휴대 전화는 처음 발명된 이후 사람들에게 빠르게 **보급**되어 우리 생활의 필수품이 되었습니다. 매년 수많은 휴대 전화가 만들어지고, 또 그만큼 많이 버려집니다. 하지만 휴대 전화의 생산과 폐기에 담긴 이야기를 알게 되면 휴대 전화를 쉽게 바꾸고 함부로 버리는 행동에 대해 다시 생각할 수밖에 없을 것입니다. 휴대 전화를 최대한 오래 쓰고 재활용해야 하는 이유를 알아볼까요?

첫 번째 이유는 휴대 전화는 만드는 과정에서 많은 에너지와 자원이 사용되기 때문입니다. 휴대 전화 한 대를 만들기 위해서는 여러 금속과 플라스틱으로 만든 다양한 부품이 필요합니다. 부품을 여러 나라에서 옮기고 공장에서 조립하는 과정에서 많은 온실가스가 배출됩니다.

휴대 전화를 만드는 과정에서 생태계가 파괴되기도 하지요. 휴대 전화를 만들기 위해서는 희귀 금속인 '콜탄'이라는 물질이 필요합니다. 이 콜탄은 콩고 민주 공화국에서 많이 **채굴**됩니다. 콜탄을 얻기 위해 콩고 민주 공화국의 열대 우림이 파괴되면서 이 지역에서 살고 있는 많은 동물이 피해를 입었습니다. 특히 콩고 민주 공화국에 서식하는 고릴라들이 생존에 큰 위협을 받고 있지요.

휴대 전화는 버려질 때도 많은 문제가 발생합니다. 휴대 전화 속에는 납, 수은, 카드뮴 등의 다양한 **유해** 물질이 들어 있습니다. 버려진 휴대 전화가 땅에 묻히면 유해 물질이 흘러나와 땅과 물을 오염시키고, 다른 쓰레기들과 함께 불태워지면 유해 물질이 공기 중으로 퍼져 대기 오염이 일어납니다.

어휘가 쑥쑥

기사에 나온 단어의 뜻과 예문을 살펴보고, 그 단어를 사용해 간단한 문장을 만들어 봅시다.

① 보급(普 널리 보, 及 미칠 급)

• 널리 펴서 많은 사람에게 골고루 미치게 하여 누리게 함.

예문) 새로운 기술을 우리나라에 보급했다.

② 채굴(採 캘 채, 掘 팔 굴)

• 땅을 파고 땅속에 묻혀 있는 광물 따위를 캐냄.

예문) 광산에서 석탄을 채굴했다.

③ 유해(有 있을 유, 害 해로울 해)

• 해로움이 있음.

예문) 미세 먼지는 우리 몸에 해로운 유해 물질이다.

생각이 쑥쑥

① 휴대 전화를 오래 쓰고 재활용해야 하는 이유는 무엇인가요?

② 휴대 전화에 들어 있는 유해 물질에는 어떤 것들이 있나요?

③ 휴대 전화를 쉽게 바꾸고 버리면 누가 피해를 볼까요?

④ 사람들이 휴대 전화를 오래 쓰고 재활용하게 만들려면 어떤 방법이 필요할까요?

기념일 배경

침팬지 연구로 유명한 환경 보호 활동가 제인 구달 박사를 알고 있나요? 제인 박사가 만든 '제인 구달 연구소'에서는 침팬지 보호를 위한 여러 방법을 고민했습니다. 연구소에서는 휴대 전화를 오래 사용하고, 재활용을 위해 적절하게 버리도록 하는 캠페인을 시작했습니다. 휴대 전화를 만들 때 필요한 콜탄이 침팬지가 살고 있는 생태계를 파괴하기 때문이었지요. 이 캠페인을 통해 세계 휴대 전화 재활용의 날이 만들어졌지요. 2015년 1월 26일에 제1회 세계 휴대 전화 재활용의 날을 기념했으며, 2017년부터는 매년 1월 24일로 변경되어 기념되고 있습니다.

타임라인

1973년	2007년	2015년
마틴 쿠퍼가 세계 최초의 휴대 전화를 발명했습니다.	스마트폰이 널리 보급되기 시작했습니다.	제인 구달 연구소에서 제1회 세계 휴대 전화 재활용의 날을 기념했습니다.

더 읽을 거리 1 우리나라 사람들은 휴대 전화를 얼마나 자주 바꿀까요?

여러분은 지금 휴대 전화를 얼마 동안 사용했나요? 우리나라는 세계에서 휴대 전화를 가장 자주 바꾸는 나라 중 하나입니다. 2020년에 이루어진 설문 조사에 따르면, 우리나라 사람들의 휴대 전화 평균 사용 기간은 27.9개월이라고 합니다. 평균적으로 휴대 전화를 구매한 지 2년이 조금 넘으면 새 휴대 전화로 바꾸는 셈입니다. 나이가 어릴수록 휴대 전화를 사용하는 기간이 더 짧았고, 휴대 전화의 고장 때문이 아니라 신제품을 쓰고 싶어서 바꾸는 비율도 더 높았습니다.

더 읽을 거리 2 휴대 전화 쓰레기 문제를 줄이는 방법

우리가 쉽게 버린 휴대 전화는 결국 환경에 여러 문제를 일으키는 쓰레기가 됩니다. 휴대 전화, 컴퓨터, 텔레비전처럼 전기를 사용하는 전자 제품이 버려진 것을 '전자 쓰레기(E-waste)'라고 합니다. 전자 쓰레기는 세계에서 가장 빠르게 늘어나고 있는 쓰레기입니다. 이러한 쓰레기 문제를 해결하려면 3R을 잘 실천해야 합니다. 3R은 '줄이기(Reduce)', '재사용하기(Reuse)', '재활용하기(Recycle)'라는 세 가지 원칙을 의미합니다. '줄이기'는 물건을 오래 사용하거나 구매를 줄여 쓰레기 발생 자체를 줄이는 것입니다. 새 휴대 전화로 자주 바꾸지 않고 오래 사용하면 쓰레기를 줄일 수 있습니다. '재사용하기'는 제품을 버리지 않고 다시 사용하는 것을 말합니다. 가족이 쓰던 휴대 전화를 물려받거나 중고로 구입하면 재사용할 수 있지요. '재활용하기'는 버려진 제품을 처리 과정을 거쳐 새로운 제품으로 만드는 것입니다. 휴대 전화의 경우, 분해를 통해 멀쩡한 부품은 다른 전자 제품을 만드는 데 활용하고 나머지 부품에서는 금, 은, 구리, 철, 알루미늄 등의 다양한 금속과 재활용 가능한 플라스틱을 얻을 수 있습니다. 휴대 전화 100만 대를 재활용하면 금 34킬로그램, 은 350킬로그램, 구리 16톤, 팔라듐 15킬로그램 등을 얻을 수 있다고 합니다.

도전! 활동하기

- 작동되는 오래된 휴대 전화 기부하기
- 버려지는 휴대 전화를 수거하는 업체나 분리배출하는 방법 알아보기
- 고장 난 휴대 전화를 재활용하는 곳에 보내기
- 휴대 전화 오래 사용하기
- 휴대 전화 중고로 구입하기

이산화 탄소와 기후 변화 이야기

#지구 온난화 #기후 변화 #친환경 행동 #___________

매년 1월 28일, '세계 이산화 탄소 배출 감축의 날'은 '인간 때문에 **배출**되는 이산화 탄소를 줄이자'는 메시지를 널리 알리기 위해 만들어진 기념일입니다. 이산화 탄소는 석탄과 석유 등의 **화석 연료**를 태워 **에너지**를 만들 때 발생합니다. 전기를 만들 때, 자동차나 비행기를 타고 이동할 때, 공장에서 물건을 만들 때 등 우리의 생활을 편리하게 하는 거의 모든 활동에서 이산화 탄소가 **대기** 중으로 배출됩니다.

온실가스인 이산화 탄소는 태양에서 오는 열을 잡아 두며, 지구를 뜨겁게 만듭니다. 이러한 현상을 **지구 온난화**라고 하지요. 지구 온난화는 **기후 변화**의 주요 원인입니다. 기후 변화란 오랜 시간에 걸쳐 지구의 평균 기온, 강수량, 바람 등 기후의 전반적인 경향이 변하는 현상입니다. 이로 인해 눈이나 비 같은 강수량과 기온이 평소와 달라지고 폭염, 홍수 또는 폭설 등의 극단적인 날씨가 더 자주 나타납니다. 기후 변화는 빙하를 녹이거나 사막을 늘리는 등 지구의 환경을 바꿀 수도 있습니다. 이는 인간과 동식물을 포함해 지구 가족 전체의 건강과 안전을 위협하는 큰 문제입니다.

기후 변화 문제를 해결하기 위해서는 이산화 탄소 배출을 줄이려고 노력해야 합니다. 화석 연료의 사용을 줄이고, 바람이나 태양 등 이산화 탄소를 발생시키지 않는 수단으로 깨끗한 에너지를 얻어야 합니다. 이 같은 노력은 국가나 기업만의 일이 아닙니다. 개인의 일상생활에서도 에너지 절약, 대중교통 이용 등을 잘 실천해야 하지요. 마지막으로 국가나 기업이 이산화 탄소 배출을 줄이기 위해 어떻게 노력하고 있는지 관심을 기울이는 것도 중요하답니다.

어휘가 쑥쑥

기사에 나온 단어들로 십자말풀이를 해 봅시다.

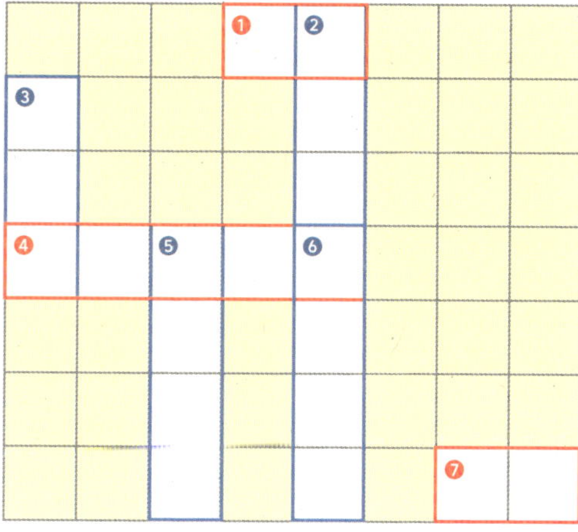

❶ 지구의 표면을 둘러싸고 있는 기체.

❷ 오랜 시간에 걸쳐 기후의 전반적인 경향이 변하는 현상.

❸ 어떤 일을 할 수 있는 능력을 통틀어 이르는 말.

❹ 지구의 평균 기온이 올라가는 현상.

❺ 태양에서 온 열을 흡수해 지구를 따뜻하게 만드는 기체.

❻ 석탄, 석유 등 땅속에 오래 묻혀 있던 생물의 흔적으로 만든 연료.

❼ 안에서 밖으로 밀어 내보냄.

생각이 쑥쑥

1. 지구 온난화의 원인은 무엇인가요?

2. 기후 변화로 인해 어떤 일들이 일어나나요?

3. 나는 일상생활에서 이산화 탄소를 많이 배출하는 편인가요? 그렇게 생각하는 이유는 무엇인가요?

4. 이산화 탄소 배출을 줄이는 데 가장 어려운 점은 무엇이라고 생각하나요?

기념일 배경

인간 활동에 의한 이산화 탄소 배출이 급격하게 늘어나게 된 것은 화석 연료를 사용하는 기계와 공장이 등장한 19세기 이후부터입니다. 그러나 이산화 탄소 배출로 기후 변화 문제가 일어난다는 사실은 비교적 뒤늦게 밝혀졌습니다. 과학자들이 이 문제를 본격적으로 연구하기 시작한 것도 20세기 후반부터였지요. '세계 이산화 탄소 배출 감축의 날'을 누가 언제 만들었는지는 정확히 알려져 있지 않지만, 배출되는 이산화 탄소를 줄여야 한다는 것에는 많은 사람들이 뜻을 함께하고 있습니다. 이러한 경각심은 언어에도 반영되어, 최근에는 '기후 변화' 대신 '기후 위기'라는 표현을 많이 사용합니다. '변화'라는 말은 긍정적일 수도 있고 부정적일 수도 있어 기후 변화의 심각성을 충분히 전달하지 못하기 때문입니다. 마찬가지로, '지구 온난화' 대신 '지구 가열화' 혹은 '지구 열탕화'라고 부르기도 합니다. 지구의 평균 온도가 급격히 상승하는 현재의 심각한 상황을 더 적절하게 표현할 수 있기 때문입니다.

타임라인

1896년	1988년	2007년
스웨덴의 과학자 스반테 아레니우스는 대기 중 이산화 탄소가 지구 표면의 온도를 변화시킬 수 있다고 처음 예측했습니다.	인간 활동에 의한 기후 변화의 위험을 평가하기 위해 유엔의 전문기관인 '기후 변화에 관한 정부 간 협의체(IPCC)'가 만들어졌습니다.	'기후 변화에 관한 정부 간 협의체(IPCC)'의 제4차 기후 변화 평가 보고서에서 기후 변화의 원인이 인간의 활동 때문이라는 것을 명확하게 밝혔습니다.

더 읽을 거리 1 날씨와 기후

날씨는 그날그날의 기온, 비, 눈, 바람 등의 대기 상태를 말합니다. 기후는 오랫동안 지속된 날씨의 평균입니다. 어떠한 지역에서 약 30년 이상의 기간에 걸쳐 나타나는 평균적인 날씨의 상태를 의미합니다. 기후는 해당 지역의 날씨가 보통 어떤지 알려 줄 수 있습니다. 기후 변화는 단순히 날씨가 변하는 것이 아니라 오랜 기간 나타나던 평균적인 대기 상태가 변화하는 것을 뜻합니다.

더 읽을 거리 2 이산화 탄소는 무조건 나쁠까요?

이산화 탄소의 배출을 줄여야 한다고 해서 이산화 탄소가 무조건 나쁜 것은 아닙니다. 대기 중에 이산화 탄소가 적절히 존재해야 지구의 온도를 유지해 생물들이 살아갈 수 있습니다. 만약 이산화 탄소가 없다면 지구는 너무 차가워져 생물들이 살아갈 수 없을 것입니다. 이산화 탄소는 식물에게도 꼭 필요합니다. 식물은 대기 중 이산화 탄소와 햇빛, 물을 이용해서 성장하고 산소를 만들어 내니까요. 이산화 탄소가 없다면 식물이 자라지 못한 탓에 동물들 역시 먹이를 구하지 못해 생존할 수 없을 것입니다.

도전! 활동하기

- 가까운 거리는 걸어가거나 자전거 타기
- 사용하지 않는 가전제품의 플러그 뽑기
- '탄소발자국 계산기'로 우리 집에서 배출하는 이산화 탄소의 양 알아보기
- 세계 이산화 탄소 배출 감축의 날을 알리는 포스터 만들어 게시하기
- <한국기후·환경네트워크> 홈페이지에서 '온실가스 1인 1톤 줄이기 국민운동' 동참 서약하기

짧지만 설레는 2월

2월은 열두 달 중 가장 짧은 달이자 긴 겨울방학이 끝나는 달이기도 합니다. 그래서 눈 깜짝할 새에 지나가는 것처럼 느껴지기도 하지만, 짧게 느껴진다고 2월을 그냥 흘려보내면 안 되겠지요. 새 학기 준비도 해야 하고, 우리가 사는 지구에 대해 돌아볼 시간도 필요하니까요.

2월에도 다양한 환경 기념일이 존재합니다. 그동안 관심이 없거나 잘 모른다는 이유로 지나쳐 온 2월의 환경 기념일을 통해 우리가 사는 지구와 좀 더 친해져 보면 어떨까요? 새 학년이 시작되면 새로운 교실에서 어떤 선생님과 친구들을 만날지 설레는 마음처럼, 어떤 기념일들을 만나게 될지 기대되지 않나요?

2/2		
세계 습지의 날	세계 마멋의 날	세계 타조의 날
2/10	**2월 둘째 주 금요일**	**2/14**
세계 콩의 날	세계 겨울 자전거 출근의 날	세계 보노보의 날
2/15	**2/16**	**2월 셋째 주 토요일**
세계 하마의 날	교토 의정서의 날	세계 천산갑의 날
2월 셋째 주 일요일	**2/27**	
세계 고래의 날	세계 북극곰의 날	세계 NGO의 날

건강한 지구를 만드는 습지

#생태계 #서식지 #기후 위기 #국제 협약 #__________

갯벌에 가 본 적이 있나요? 갯벌처럼 물에 잠겨 축축한 땅을 습지라고 합니다. 습지는 물과 땅이 만나는 특별한 공간으로 다양한 형태가 있습니다. 갯벌처럼 바닷물이 들어올 때만 하루 중 일정 시간 동안 잠겨 있는 습지도 있고, 늪처럼 항상 얕은 물에 잠겨 있는 습지도 있습니다.

사람들이 만든 논도 습지의 한 종류입니다. 습지의 특징은 얕은 물에 잠겨 있고 흙이 충분히 젖어 있으며, 물이 많은 환경에 적응한 식물이 자란다는 것입니다. 호수나 강 아래처럼 깊은 물속에 항상 잠겨 있는 땅은 습지라고 하지 않습니다.

습지는 지구 생태계에서 중요한 역할을 합니다. 먼저, 습지는 다양한 동식물이 살아가는 터전입니다. 전 세계 생물종의 40퍼센트 이상이 습지에서 살아갑니다. 또한, 습지는 많은 양의 물을 저장하여 갑작스러운 홍수를 막아 주는 역할도 합니다. 이와 더불어 공기 중의 이산화 탄소를 흡수해 식물과 흙, 물속에 저장하여 기후 위기를 막는 데 중요한 역할을 합니다.

안타깝게도 1700년부터 최근까지 전 세계의 습지 중 85퍼센트가 사라졌습니다. 오염이나 개발로 인해 습지가 변하거나 파괴되었기 때문입니다. 최근에는 기후 위기로 인해 **해수면**이 높아지면서 해안가의 습지가 사라지고 있습니다. 습지가 사라지면 그 안에서 살아가던 생물들은 심각한 멸종 위기에 처합니다. 지구를 건강하게 만들기 위해서는 남아 있는 습지를 잘 보호하고, 오염되거나 **훼손**된 습지를 **복원**하려 노력해야 합니다.

어휘가 쏙쏙

단어의 뜻을 살펴보고, 알맞은 한자를 골라 O로 표시해 봅시다.

❶ 바닷물의 표면.

해		수		면	
亥 돼지 해	海 바다 해	水 물 수	手 손 수	免 면할 면	面 낯 면

❷ 헐거나 깨뜨려 못쓰게 만듦.

훼		손	
卉 풀 훼	毁 헐 훼	損 덜 손	孫 손자 손

❸ 원래대로 회복함.

복		원	
福 복 복	復 돌아올 복	圓 둥글 원	元 으뜸 원

생각이 쏙쏙

❶ 습지의 특징은 무엇인가요?

❷ 습지가 중요한 이유는 무엇인가요?

❸ 습지 보호를 위해 많은 나라가 함께 약속하고 노력하는 이유는 무엇일까요?

❹ 습지를 보호하기 위해 내가 할 수 있는 행동에는 어떤 것들이 있을까요?

기념일 배경

1900년대 초반부터 습지에 모래를 부어 단단한 땅으로 만드는 간척 사업이 활발히 이루어졌습니다. 농작물을 키우거나 공장 건설에 필요한 땅을 확보하기 위해서였지요. 당시에는 사람들이 습지의 생태적 가치를 잘 몰랐기 때문에, 습지는 계속 파괴되었습니다. 1960년대 후반에 이르러서야 습지의 중요성이 널리 알려지며 다양한 환경 단체와 전문가들이 습지 보호 방법을 고민하기 시작했지요.

1971년 2월 2일, 이란의 람사르에서 습지 보호를 위한 국제회의가 열렸고 세계의 다양한 습지를 보호하기 위한 약속인 '람사르 협약'이 만들어졌습니다. 람사르 협약의 공식 이름은 '물새 서식지로서 세계적으로 중요한 습지에 관한 협약'입니다. 줄여서 '습지에 관한 협약'이라고도 하지요. 협약이 처음 만들어질 때는 물새가 살아가는 습지의 보호에 초점을 맞췄지만, 이후 습지 전체를 보호하는 방향으로 확대되었습니다. 람사르 협약에 가입한 나라는 1개 이상의 습지를 람사르 습지로 지정하고, 그 습지를 보호하고 체계적으로 관리해야 합니다.

이러한 람사르 협약의 26주년을 기념하여, 1997년에 2월 2일을 '세계 습지의 날'로 정하게 되었습니다. 이날은 전 세계가 함께 람사르 협약의 의미를 되새기고 습지의 소중함과 보호의 필요성을 널리 알리는 날입니다.

타임라인

1971년	1997년	2021년
2월 2일 습지 보호를 위한 국제 협약인 람사르 협약이 맺어졌습니다.	처음으로 세계 습지의 날이 만들어졌습니다.	세계 습지의 날이 유엔 공식 기념일로 정해졌습니다.

더 읽을 거리 1 우리나라의 람사르 습지

우리나라는 1997년에 101번째로 람사르 협약에 가입하면서, 국내의 주요 습지를 람사르 습지로 지정해 보호하기 시작했습니다. 2024년 기준, 우리나라의 람사르 습지는 총 26곳이 있습니다. 그중 가장 넓은 람사르 습지는 경상남도 창녕군에 위치한 우포늪으로, 그 면적은 약 8.7제곱킬로미터입니다.

▲ 창녕 우포늪

더 읽을 거리 2 불타고 있는 세계에서 가장 큰 습지

세계에서 가장 큰 습지는 브라질, 볼리비아, 파라과이에 걸쳐져 있는 '판타나우'입니다. 판타나우의 면적은 약 21만 제곱킬로미터로, 대한민국 면적의 약 2배 정도 크기입니다. 그런데 기후 위기로 이상 고온과 가뭄이 발생하면서 판타나우에서 대규모 화재가 일어났고, 2024년 1월부터 6월까지 무려 서울 면적의 약 6배에 해당하는 크기의 습지가 불탔습니다.

도전! 활동하기

- 우리나라의 람사르 습지에 대한 정보 조사하기
- 습지에서 살아가는 다양한 동식물 조사하기
- 우리 지역의 습지 찾아보기
- 세계 습지의 날 행사에 참여하기
- 습지로 가족 여행 가기

사람과 가장 닮은 보노보

#동물 #생태계 #멸종 위기종 #___________

2월 14일이라고 하면 무엇이 떠오르나요? 아마도 좋아하는 사람에게 초콜릿을 선물하는 밸런타인데이를 떠올리는 사람이 많겠지요. 그런데 이날은 '세계 보노보의 날'이기도 합니다. 사랑이 가득한 이 특별한 날에 보노보에게도 관심을 가져 보는 것은 어떨까요?

보노보는 침팬지, 오랑우탄, 고릴라처럼 유인원에 속하는 동물입니다. 유전자가 사람과 약 98.7퍼센트나 같을 정도로 닮았지요. 보노보는 유전자뿐 아니라 성격에서도 사람과 비슷한 점이 많은데, 특히 사회성이 뛰어난 동물로 잘 알려져 있습니다. 보노보는 서로 친밀하게 지내며 평화를 중요하게 여깁니다. 다른 보노보와 친해지기 위해 손을 잡거나 포옹을 하기도 하고, 갈등이 생기면 싸움보다는 화해를 통해 문제를 해결한다고 합니다.

현재 보노보는 **멸종** 위기에 처해 있습니다. 보노보는 오직 아프리카 콩고 민주 공화국의 **울창한** 숲에서만 살아가는데, 최근 무분별한 벌목과 개발로 인해 숲이 파괴되고 있기 때문입니다. 숲이 파괴되면 보노보가 살아가는 **서식지**와 먹이가 함께 줄어들 수밖에 없습니다. 만약 여러분의 집이 하루아침에 사라진다면 어떤 기분이 들까요? 이유도 모른 채 갑자기 사는 곳을 잃어버린 보노보는 억울하고 답답한 마음이 들겠지요. 하지만 다행히 보노보를 지키기 위해 애쓰는 사람들도 있습니다. 사람들은 보노보의 상황을 더 많은 이들에게 알리고자 매년 2월 14일을 세계 보노보의 날로 정하고 보노보 보호의 중요성을 함께 나누고 있답니다.

어휘가 쏙쏙

사다리 타기를 통해 단어의 뜻을 확인해 봅시다.

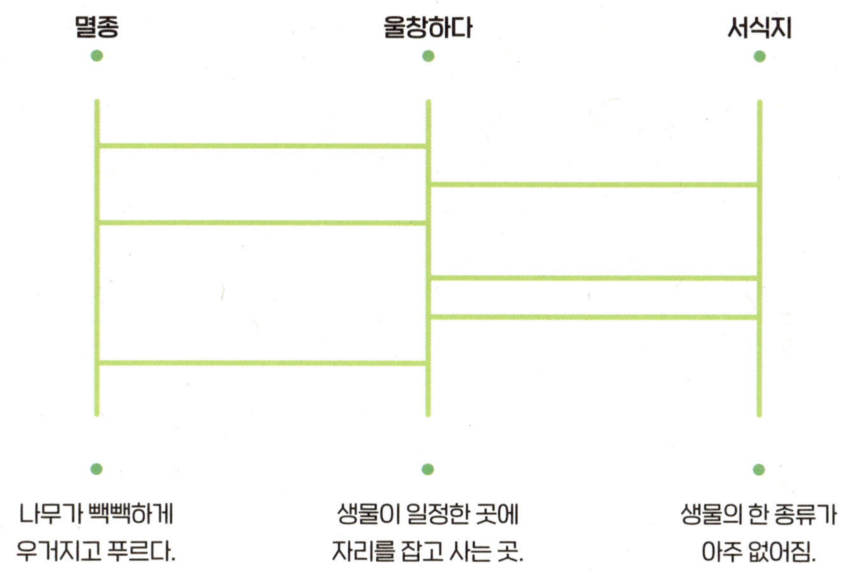

생각이 쏙쏙

1. 보노보와 사람의 비슷한 점은 무엇인가요?
2. 보노보는 왜 멸종 위기에 처해 있나요?
3. 보노보를 보호하기 위해 사람들이 노력하는 까닭은 무엇일까요?
4. 보노보가 말할 수 있다면 무슨 말을 할 것 같나요? 그 이유는 무엇인가요?

기념일 배경

1990년대에 들어서며 보노보의 멸종 위기 상황이 알려지자, 보노보를 보호하려는 다양한 움직임이 시작되었습니다. 그 대표적인 사례가 '보노보들의 낙원'이라는 뜻의 '롤라 야 보노보'가 있습니다.

이곳은 콩고 민주 공화국에 위치한 보노보 보호 구역으로, 1994년 벨기에의 환경 운동가 클로딘 앙드레에 의해 설립되었습니다. 밀렵과 서식지 파괴로 부모를 잃은 어린 보노보들이 이곳에서 전문가의 보살핌을 받으며 치료를 받고 야생으로 돌아가기 위한 훈련도 받습니다.

보호소뿐만 아니라 보노보를 지키기 위해 여러 단체가 만들어지기도 했습니다. 미국의 환경 운동가 애슐리 스톤은 2015년에 여러 보노보 보호 단체와 활동가들을 하나로 모으는 '보노보 프로젝트'를 시작했습니다. 보노보 프로젝트팀은 보노보의 위기 상황을 널리 알려 보노보를 도울 수 있도록 '세계 보노보의 날'을 만들었습니다.

보노보의 날이 밸런타인데이와 같은 2월 14일인 이유는 평화를 사랑하고 서로를 아끼는 보노보의 모습이 사랑을 나누자는 밸런타인데이의 의미와 잘 어울린다고 생각했기 때문입니다. 이날에는 보노보에 대한 교육과 홍보 활동이 이루어지고, 보노보 보호를 위한 기부와 캠페인도 함께 진행됩니다.

타임라인

1933년	1994년	2017년
침팬지의 한 종류로 취급되던 보노보가 별개의 종으로 구분되었습니다.	콩고 민주 공화국에 보노보 보호 구역이 생겼습니다.	세계 보노보의 날이 만들어졌습니다.

더 읽을 거리 1 멸종 위기종

멸종 위기종이란 자연에서 생존하기 어려워 미래에 멸종될 가능성이 큰 동식물들을 가리킵니다. 세계 자연 보전 연맹(IUCN)에서 생물들의 멸종 위기 정도를 평가해 정하지요. 2023년 기준, 세계 자연 보전 연맹이 멸종 위기로 평가한 생물종의 수는 약 44,000종입니다. 이는 세계 자연 보전 연맹이 평가한 생물종 중 약 28퍼센트에 해당합니다. 이에 우리나라 환경부에서도 우리나라에 사는 동식물의 멸종 위기 가능성을 평가하여 멸종 위기종으로 지정하고 보호하고 있답니다.

더 읽을 거리 2 보노보와 침팬지

보노보와 침팬지는 비슷하게 생겼지만, 쉽게 구분할 수 있습니다. 첫째, 보노보는 침팬지보다 키가 약간 더 작고 몸이 가녀립니다. 둘째, 분홍색인 보노보의 입술과 달리 침팬지의 입술은 어두운 색입니다. 셋째, 보노보는 두 발로 걷는 듯한 모습을 더 자주 보이지만, 침팬지는 주로 네발로 걷습니다.

▲ 보노보 ▲ 침팬지

도전! 활동하기

- 세계 지도에서 보노보가 사는 지역 찾아보기
- 보노보의 습성 조사하기
- 보노보 영상을 찾아보고 보노보의 생김새와 움직임, 목소리 등을 관찰하기
- 세계 보노보의 날을 알리는 포스터 그리기

기후 위기 문제 해결을 위한 세계의 약속

#기후 위기 #국제 협약 #공존 #협력 #__________

만약 한두 명만 열심히 청소한다면 교실이 깨끗할 수 있을까요? 당연히 그렇지 않습니다. 교실은 모두가 함께 사용하는 공간이기에, 모든 친구가 쓰레기를 제대로 버리고 청소를 열심히 하겠다고 약속하고 실천해야 합니다. 약속을 제대로 실천하려면 깨끗한 교실을 만들기 위한 구체적인 규칙도 정해야겠지요.

기후 위기도 마찬가지입니다. 기후 위기는 지구 전체의 문제이므로, 많은 나라가 함께 해결하기 위해 노력해야 합니다. 이에 1997년, 일본의 교토라는 지역에 여러 나라의 대표가 모여 기후 위기 문제를 해결하기 위한 중요한 약속을 했습니다. 이 약속이 바로 '교토 의정서'입니다.

교토 의정서는 기후 위기의 원인이 되는 온실가스 배출을 줄이기 위한 국제 **협약**입니다. 단순한 약속이 아니라, 참여한 나라들이 꼭 지켜야 하는 국제적인 규칙이었지요. 이를 지키지 않은 나라는 이후 더 많은 **감축**을 해야 한다는 등의 규정도 포함되어 있었습니다. 교토 의정서는 55개국 이상이 참여하고, 온실가스를 많이 배출하는 선진국들이 일정 수준 이상 참여해야 한다는 조건이 있었습니다. 이 조건이 2005년 2월 16일에 **충족**되면서 **발효**되었습니다.

교토 의정서는 여러 나라가 처음으로 함께 온실가스를 줄이자고 약속한 국제 협약이라는 점에서 중요한 의미가 있습니다. 이 협약은 전 세계가 기후 위기를 막기 위해 힘을 모으기 시작한 출발점이라고 할 수 있습니다. 함께 살아가는 지구를 지키려면 모두의 협력이 필요하다는 것을 일깨워 주는 계기가 되었습니다.

어휘가 쏙쏙

기사에 등장한 단어에 대한 설명을 살펴보고, 해당 단어를 찾아 색칠해 봅시다.

- 덜어서 줄임.
- 모자람 없이 충분하게 채움.
- 약속, 법, 공문서 따위의 효력이 나타남.
- 어떤 문제에 대해 서로 협의한 뒤 맺는 약속이나 규칙.

락	노	토	생	두	처	조	이	허
손	감	불	더	익	곤	호	괄	조
해	축	에	톱	산	충	족	바	힘
정	수	배	어	의	기	품	차	누
이	오	협	약	나	후	무	발	오
한	동	이	들	괴	애	력	효	장
로	덕	더	슬	허	포	부	다	코

생각이 쏙쏙

1. 교토 의정서는 왜 만들어졌나요?
2. 교토 의정서는 어떤 점에서 의미가 있을까요?
3. 온실가스 배출을 줄이려면 나라에서 어떤 노력을 해야 할까요?
4. 기후 위기를 해결하기 위해 여러 나라가 또 어떤 약속을 하면 좋을까요?

기념일 배경

기후 위기와 관련된 최초의 협약은 1992년 브라질 리우데자네이루에서 결정된 '유엔 기후 변화 협약(UNFCCC)'입니다. 이 협약의 원칙은 전 세계가 기후 문제 해결을 목표로 화석 연료의 사용을 줄이자는 것이었습니다. 이 목표를 달성하기 위해 구체적인 방법을 약속한 것이 1997년 결정된 교토 의정서입니다. 교토 의정서는 2005년 발효된 이후, 2012년까지 1차 약속 기간, 2020년까지 2차 약속 기간을 거쳐 종료되었습니다. 2020년부터는 새로운 국제 협약인 파리 협정으로 기후 위기 문제를 해결하기 위해 많은 나라가 노력하고 있습니다.

타임라인

1997년	2005년	2020년
교토 의정서가 만들어졌습니다.	2월 16일 교토 의정서가 발효되었습니다.	교토 의정서의 약속을 지키기로 한 기간이 종료되었습니다.

더 읽을 거리 1 큰 효과가 없었던 교토 의정서

교토 의정서는 온실가스를 줄이기 위한 전 세계적인 중요한 약속이었지만, 결국 기후 위기를 해결하기에는 부족했습니다. 온실가스를 많이 배출한 선진국에게만 감축 의무가 주어졌고, 당시 선진국이 아니었던 나라들은 온실가스를 많이 배출하더라도 감축 의무가 없었기 때문입니다. 게다가 온실가스를 많이 배출하는 미국은 협약에 정식으로 참여하지 않았지요. 교토 의정서의 사례는 기후 위기를 해결하기 위해 일부 국가만 노력하는 것이 아니라, 모든 국가가 함께 협력해야 한다는 것을 보여 줍니다.

더 읽을 거리 2 새로운 기후 변화 국제 협약, 파리 협정

파리 협정은 2015년에 만들어진 새로운 기후 변화 국제 협약입니다. 전 세계 모든 나라가 함께 온실가스를 줄이기 위해 자발적으로 목표를 세우고 노력하기로 한 약속이지요. 교토 의정서와 달리, 파리 협정은 선진국뿐만 아니라 모든 나라가 참여하도록 했습니다. 이 협약의 주요 목표는 지구의 평균 기온이 산업화(공장과 기계가 많이 생기면서 온실가스가 크게 늘어난 시기) 이전 수준보다 2도 이상 오르지 않도록 하고, 더 나아가 1.5도 이상 오르지 않도록 노력하는 것입니다.

교토 의정서와 파리 협정 비교하기

교토 의정서	구분	파리 협정
온실가스 배출 줄이기 (1990년대보다 5.2% 줄이기)	목표	평균 기온이 오르는 것을 막기 2℃ 목표 (1.5℃ 노력)
일부 선진국	참여하는 나라	대부분의 나라
정해져서 종료됨	약속이 끝나는 시기	정해지지 않아 계속됨

도전! 활동하기

- 교토 의정서에 가입한 나라 조사하기
- 우리나라 온실가스 배출량 조사하기
- 파리 협정 관련 뉴스 찾아 시청하기
- 파리 협정에 따라 우리나라에서 세운 목표 확인하기
- 기후 변화 관련 국제 협약에 대해 설명하는 글쓰기

야생 동물 밀렵 멈춰!

#기후 위기 #국제 협약 #공존 #협력 #____________

2월 셋째 주 토요일은 '세계 천산갑의 날'입니다. 천산갑은 아프리카와 동남아시아, 남아시아 일부 지역에서만 서식하는 동물이지요. 배를 뺀 온몸이 비늘로 덮인 천산갑은 마치 단단한 갑옷을 입은 것처럼 생김새가 특이합니다.

이 독특한 천산갑은 안타깝게도 세계에서 **밀렵**으로 가장 많이 희생되는 **포유류** 중 하나입니다. 천산갑의 비늘이 사람의 건강에 좋다는 소문 때문입니다. 사실 천산갑의 비늘은 사람의 손톱과 같은 딱딱한 단백질일 뿐이어서 특별한 **효능**을 기대할 수 없는 데 말입니다.

천산갑은 위험을 느끼면 도망치거나 숨기보다는 몸을 둥글게 말고 가만히 있는 습성이 있습니다. 이 때문에 밀렵꾼들이 손쉽게 포획할 수 있었지요. 다행히 현재는 '멸종 위기에 처한 야생 동식물종의 국제 거래에 관한 협약(CITES)'에 따른 멸종 위기종으로 지정되어 천산갑의 사냥은 물론 사고파는 것까지 엄격히 금지되어 있습니다. 문제는 그럼에도 감시를 피해 천산갑 밀렵이 계속되고 있다는 것입니다.

밀렵이 오직 천산갑만의 문제는 아닙니다. 코뿔소, 코끼리, 사자, 표범, 물소 등의 야생 동물도 생존에 심각한 위협을 받고 있습니다. 이 동물들의 뿔이나 가죽 등이 비싼 값에 팔리는 탓에 밀렵과 불법 거래는 지금도 계속되고 있습니다.

어휘가 쏙쏙

다음 암호표를 보고 알맞은 영어 단어를 찾아봅시다.

ㄱ	ㄴ	ㄷ	ㄹ	ㅁ	ㅂ	ㅅ	ㅇ	ㅈ
a	c	e	f	g	h	i	l	m

❶ **밀렵:** 허가를 받지 않고 몰래 사냥함.

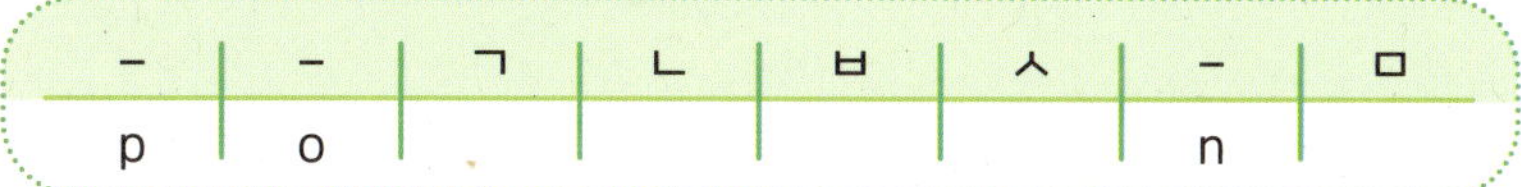

❷ **포유류:** 젖을 먹여 새끼를 키우는 동물을 통틀어 이르는 말.

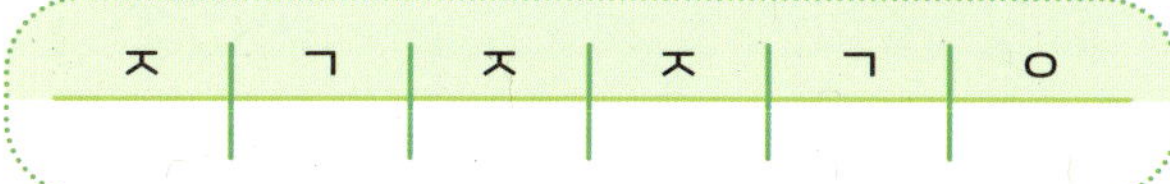

❸ **효능:** 어떤 약이나 물질이 실제로 나타내는 좋은 효과나 작용.

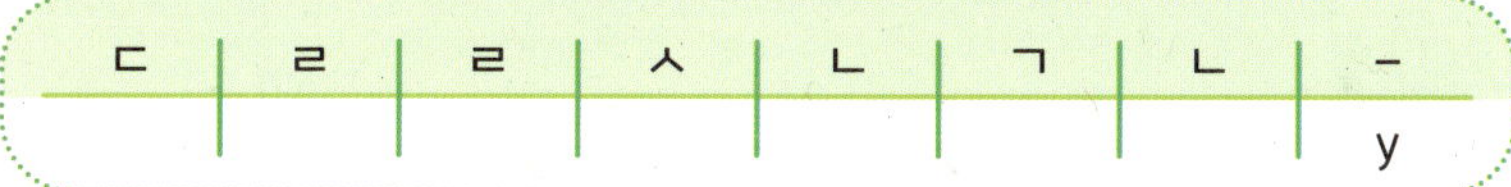

생각이 쏙쏙

❶ 천산갑의 생김새는 어떠한가요?

❷ 천산갑을 밀렵하는 이유는 무엇인가요?

❸ 천산갑을 먹으려는 사람에게 어떤 말로 설득할 수 있을까요?

❹ 야생 동물 밀렵 문제를 해결하기 위해 어떤 노력이 필요할까요?

기념일 배경

세계 천산갑의 날(World Pangolin Day)은 밀렵과 불법 거래로 인해 멸종 위기에 처한 천산갑의 상황을 많은 사람에게 알리고 천산갑을 보호하기 위해 만들어졌습니다. 천산갑 밀렵 문제는 1970년대부터 점차 알려지기 시작했으나, 밀렵은 계속되었습니다. 이에 천산갑 밀렵 문제에 관심이 많았던 동물 보호 활동가 리슈자 코타가 2012년에 세계 천산갑의 날을 만들었지요. 코타는 세계 천산갑의 날을 홍보하는 홈페이지를 만들어 10년간 관리했습니다. 2022년부터는 천산갑 보호 단체에서 세계 천산갑의 날을 홍보하고 있습니다.

2025년 세계 천산갑의 날에는 천산갑 전문 재활 시설인 '팽골로리움(Pangolorium)'이 남아프리카 공화국에 세워졌습니다. 이곳에서는 밀렵이나 불법 거래로 인해 다친 천산갑을 구조하고, 치료한 뒤 다시 자연으로 돌려보내는 재활 프로그램이 운영되고 있습니다. 팽골로리움은 세계 최초로 천산갑만을 위해 만들어진 전용 보호소라는 점에서 천산갑을 보호하는 데 큰 도움이 될 것으로 기대하고 있지요.

타임라인

1980년대	1994년	2017년
천산갑을 8종으로 구분했습니다.	천산갑이 '멸종 위기에 처한 야생 동식물종의 국제 거래에 관한 협약(CITES)'에 따라 '멸종 위기에 처할 수 있는 종'으로 등록되어 거래를 함부로 하지 못하게 되었습니다.	천산갑이 '멸종 위기에 처한 야생 동식물종의 국제 거래에 관한 협약(CITES)'에 따라 '멸종 위기에 처한 종'으로 등록되어 거래가 금지되었습니다.

더 읽을 거리 1 천산갑의 생태적 특징

천산갑은 총 8종으로 나뉘는데, 종에 따라 30센티미터에서부터 1미터까지 크기가 다양합니다. 또 포유류 중에 유일하게 비늘이 있지요. 새끼일 때는 비늘이 부드럽지만 크면서 점차 딱딱해지지요. 이 비늘은 천산갑의 갑옷 역할을 합니다. 적 앞에서 몸을 동그랗게 말아 방어하는 것입니다. 천산갑은 날카로운 발톱으로 개미의 집을 파헤치고, 긴 혀로 개미를 핥아먹습니다. 애벌레, 지렁이, 귀뚜라미 등을 먹기도 합니다. 천산갑은 주로 혼자서 생활하며 밤에 주로 활동하는 야행성입니다.

더 읽을 거리 2 천산갑을 닮은 로봇

▲ 천산갑의 로봇화

천산갑은 온몸이 딱딱한 비늘로 덮여 있지만, 몸을 잘 구부릴 수 있을 뿐 아니라 이동이 자유롭습니다. 이처럼 움직일 수 있게 만들어 주는 천산갑의 비늘 구조를 본떠 초소형 의료용 로봇이 개발되었습니다. 이 로봇은 딱딱한 금속으로 되어 있지만 부드럽게 움직일 수 있습니다. 사람의 몸속으로 들어가 수술할 수 있지요. 이렇게 자연에서 볼 수 있는 동식물의 모습을 본떠 만들어진 새로운 기술을 '생체 모방 기술'이라고 합니다.

도전! 활동하기

- 천산갑의 특징을 잘 나타내는 별명 짓기
- 천산갑을 검색해 생김새를 관찰하고 그림이나 입체 작품으로 표현하기
- 다양한 야생 동물 밀렵 사례 조사하기
- 천산갑 밀렵 문제를 알리는 홍보 포스터 만들기

새로운 만남의 3월

3월은 새 학년이 시작되며 새로운 반 친구들과 선생님을 만나는 달입니다. 새로운 만남이 처음에는 긴장되고 어색할 수도 있지만, 조금씩 알아 가고 친해지다 보면 즐거운 날들이 펼쳐질 것입니다.

올해의 새로운 만남에는 3월의 환경 기념일도 더해 보면 어떨까요? 환경에 대해 새로운 정보를 알아 가는 즐거움을 아는 것, 변화는 여기에서부터 시작될 테니까요. 3월에 어떤 환경 기념일들이 있는지 살펴보고, 그 속에 담긴 의미를 생각하며 작은 실천도 보태 봅시다.

3/1	3/3	
세계 해초의 날	국립 공원의 날	세계 야생 동식물의 날

3/11	3/14	3/18
후쿠시마 원전 사고일	세계 강을 위한 행동의 날	세계 재활용의 날

3/20		3/21
세계 참새의 날	세계 개구리의 날	세계 숲의 날

3/22		3/23
세계 물의 날	세계 물개의 날	세계 기상의 날

3/30	3월 마지막 주 토요일	
세계 제로 웨이스트의 날	어스 아워	

국립 공원에 대해 알고 있나요?

#생태계 #자연 보전 #____________

공원 하면 어떤 모습이 떠오르나요? 넓은 잔디밭, 산책로, 분수, 잘 가꾸어진 꽃과 나무가 떠오르나요? 이 같은 모습의 공원은 대부분 사람들의 휴식을 위해 **인위적**으로 만들어 놓은 공간입니다.

'국립 공원'은 우리가 동네에서 흔히 접하는 공원과는 다릅니다. 국립 공원이란 자연의 모습을 **보전**하기 위해 나라에서 **지정**하여 보호하는 지역을 가리키기 때문입니다. 아름답고 독특한 풍경을 지닌 곳이나 개발로 훼손되지 않은 곳, 다양한 야생 동물이 많이 살아가는 곳, 오래된 문화재가 자연과 조화를 이룬 곳 등이 국립 공원으로 지정되지요.

현재 전 세계 대부분의 나라에는 국립 공원이 존재합니다. 우리나라 역시 국립 공원을 지정하고 관리 중이며, 이를 위해 다양한 정책과 **제도**를 운영하고 있습니다. 국립 공원의 가치는 단순히 아름다운 경치를 넘어, 생태계와 생물 다양성을 지키는 데에도 큰 의미가 있습니다. 이를 보전하기 위한 규칙들도 자연공원법이라는 법률로 정해져 있습니다.

국립 공원에서는 정해진 길로만 다녀야 하고, 자연을 훼손하거나 오염시키면 처벌을 받습니다. 국립 공원 안에서도 '특별 보호 구역'을 따로 지정하기도 합니다. 특별 국립 공원은 멸종 위기 야생 생물, 희귀 식물, 천연기념물 등이 살아가는 곳 등으로 더욱 특별한 보호가 필요한 지역입니다. 특별 보호 구역으로 지정된 곳에는 아무나 함부로 들어갈 수 없답니다.

어휘가 쏙쏙

기사에 나온 단어와 단어의 뜻을 알맞게 짝지어 봅시다.

인위적 •	• 온전하게 보호하여 유지함.
보전 •	• 자연이 아닌 사람의 힘으로 이루어진 것.
지정 •	• 어떤 일을 하기 위해 정해 놓은 법이나 규칙.
제도 •	• 어떤 일이나 대상, 날짜, 장소 등을 특별히 정하는 것.

생각이 쏙쏙

1. 보호 구역이란 무엇인가요?
2. 보호 구역을 지정하는 이유는 무엇일까요?
3. 보호 구역에 방문할 때 지켜야 하는 규칙에는 무엇이 있을까요?
4. 보호 구역은 기후 위기 문제에 도움이 될까요? 그 이유는 무엇일까요?

기념일 배경

우리나라는 '자연공원법'에 의해 국립 공원을 지정하고 체계적으로 관리하고 있습니다. 2020년에는 자연공원법에 '국립 공원에 대한 국민의 관심과 이해를 높이기 위하여 매년 3월 3일을 국립 공원의 날로 정한다'는 내용이 추가되었습니다. 법에 따라, 2021년 3월 3일 제1회 국립 공원의 날이 기념되었습니다. 이후 매년 3월 3일에는 다양한 행사와 활동을 통해 국립 공원의 필요성과 중요성을 국민에게 널리 알리고 있습니다.

타임라인

1872년	1967년	1987년	2020년
미국의 옐로스톤 지역이 세계 최초의 국립 공원으로 지정되었습니다.	우리나라의 국립 공원 제도가 시작되고 지리산이 제1호 보호 구역으로 지정되었습니다.	국립 공원을 전문적으로 관리하는 기관인 '국립 공원 공단'이 만들어졌습니다.	국립 공원의 날이 만들어졌습니다.

더 읽을 거리 1 국립 공원의 가치

우리나라 국립 공원은 전체 면적의 약 7퍼센트밖에 차지하지 않지만, 우리나라 생물종의 약 41퍼센트가 이곳에 서식하고 있습니다. 특히 멸종 위기에 처한 생물종의 약 68퍼센트가 살아가고 있어, 생태적으로 매우 중요한 공간입니다.

국립 공원은 사람들이 자연을 가까이에서 경험하고 그 소중함을 느낄 수 있는 교육의 장소가 되기도 합니다. 아름다운 경관과 다양한 생물을 관찰하면서 생태 감수성을 키울 수 있기 때문입니다.

더 읽을 거리 2 우리나라의 국립 공원

2025년 기준으로 총 23개의 국립 공원이 있습니다. 우리나라의 국립 공원은 지형과 특성에 따라 '산악형', '해상·해안형', '사적형' 3가지 유형으로 나뉘어 관리되고 있습니다.

높은 산과 숲이 잘 보존된 산악형 국립 공원이 18곳으로 가장 많습니다. 지리산, 설악산, 북한산, 덕유산, 속리산, 계룡산, 오대산, 월악산, 내장산, 소백산, 치악산, 주왕산, 무등산, 가야산, 월출산, 팔공산, 태백산, 한라산이 있습니다. 두 번째는 바다와 바닷가를 중심으로 한 해상·해안형 국립 공원입니다. 다도해 해상, 한려 해상, 변산 반도, 태안 해안의 4곳입니다. 마지막으로, 우리나라에는 단 1곳뿐인 사적형 국립 공원이 있습니다. 바로 경주 국립 공원으로, 문화재와 역사 유적이 자연과 어우러진 특별한 형태의 국립 공원입니다.

▲ 군위 팔공산 국립 공원 (산악형 국립 공원)	▲ 한려 해상 국립 공원 (해상형 국립 공원)	▲ 경주 국립 공원 (사적형 국립 공원)

도전! 활동하기

- 국립 공원 공단 홈페이지(knps.or.kr)에서 국립 공원에 대한 정보 찾아보기
- 우리나라 백지도에 국립 공원의 위치 표시하기
- 국립 공원 중 1곳을 정하여 소개 자료 만들기
- 전 세계의 유명한 국립 공원 조사하기
- 가족들과 함께 국립 공원 방문 계획 세우기

절대 일어나서는 안 됐던 사고

#자연재해 #재난 사고 #환경 오염 #__________

원자력 발전소란 핵분열이라는 과정을 이용해 전기를 만드는 시설입니다. 짧게 줄여서 '원전'이라고도 하지요. 핵분열이란 아주 작은 원자 속에서 일어나는 특별한 반응으로, 많은 에너지를 만들어 냅니다. 이 에너지를 이용해 물을 끓이고 그 수증기로 발전기를 돌려 전기를 생산합니다.

원자력 발전소는 주로 바닷가에 지어집니다. 전기를 만들며 발생하는 뜨거운 열을 식혀 주기 위해 많은 양의 **냉각수**가 필요하기 때문입니다. 즉, 바닷물을 냉각수로 쓰는 셈입니다. 한편, 원자력 발전소에서 사용하는 **연료**는 사람을 비롯한 동식물의 건강에 무척 해로운 방사선을 내뿜는 방사성 물질입니다. 따라서 원자력 발전소에서는 방사성 물질이 **유출**되지 않도록 많은 주의를 기울입니다.

후쿠시마 원전 사고는 2011년 3월 11일, 일본에서 강한 지진이 발생하며 시작되었습니다. 지진으로 인해 높은 파도가 밀려오는 지진 해일(쓰나미)도 함께 일어났습니다. 바닷가에 있던 후쿠시마 원자력 발전소는 이 지진 해일에 덮여 지하실이 **침수**되고 전기가 끊겼습니다. 이에 냉각 장치가 작동하지 않자 뜨거운 열을 식히지 못한 발전소는 결국 폭발하고 말았습니다.

폭발 직후 원자력 발전소 내부의 방사성 물질은 주변의 공기, 바다, 땅으로 퍼졌습니다. 발전소 주변에 살고 있던 사람들은 긴급히 대피해야만 했지요. 이 사고로 인해 후쿠시마 주변은 지금까지도 사람이 살 수 없는 위험한 지역이 되었고, 원자력 발전의 위험성에 대해 전 세계가 다시 생각하게 되는 계기가 되었습니다.

어휘가 쑥쑥

단어의 뜻을 살펴보고, 주어진 자음과 모음을 조합해 단어를 만들어 봅시다.

① 높은 열을 내는 기계를 차게 식히는 데 쓰는 물.

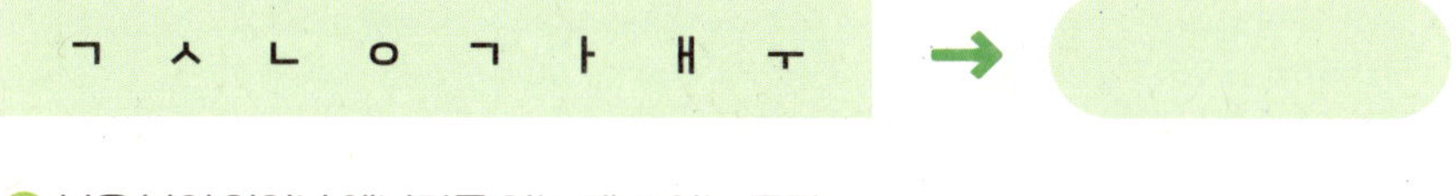

② 불을 붙여 열이나 에너지를 얻는 데 쓰이는 물질.

③ 밖으로 흘러 나가거나 흘려 내보냄.

④ 물에 잠김.

생각이 쑥쑥

① 후쿠시마 원자력 발전소 사고는 왜 발생했나요?

② 원자력 발전소 사고가 위험한 이유는 무엇인가요?

③ 사고의 위험성에도 많은 나라가 원자력 발전소를 쓰는 이유는 무엇일까요?

④ 원자력 발전소 사고가 발생해도 동식물은 대피하지 못합니다. 사고 지역 주변에 살고 있던 동식물은 어떻게 되었을까요?

기념일 배경

국제 원자력 기구는 원자력 사고를 심각성에 따라 0등급에서 7등급까지, 총 8단계로 구분합니다. 가장 심각한 7등급은 사고가 발생한 나라를 넘어 주변의 여러 나라까지 방사성 물질로 피해를 주는 대형 사고입니다. 역사상 7등급의 원자력 사고는 1986년의 체르노빌과 2011년의 후쿠시마 2건입니다. 방사성 물질의 피해는 오랜 시간이 지나야 드러나기도 해서 그 피해가 어느 정도인지는 아직도 정확히 알지 못합니다.

방사성 물질은 사람에게 어떤 영향을 미칠까요? 사실 우리는 일상생활에서 우주에서 날아오는 방사선이나 땅속의 자연 방사성 물질로 인해 방사선에 노출됩니다. 하지만 이런 자연 방사선은 매우 적은 양이기 때문에 인체에 큰 영향을 주지 않습니다. 문제는 원자력 사고처럼 갑자기 많은 방사선에 노출되는 경우입니다. 엄청난 양의 방사선이 사람의 몸을 이루고 있는 작은 세포들을 변형 또는 파괴하기 때문입니다. 세포 속 DNA가 변형되면 암이나 피부병 등 각종 질환에 걸릴 수 있습니다. 많은 세포가 파괴된 채 회복되지 않는다면 사망에 이를 수도 있습니다.

이처럼 심각한 피해를 일으키는 원자력 사고가 다시는 일어나지 않도록 하는 것이 중요합니다. 2025년 기준, 26개의 원자력 발전소가 운영되고 있는 우리나라에서도 원자력의 위험성을 잊지 않고, 철저한 대비와 꾸준한 관심을 가져야 합니다.

타임라인

1986년	2011년	~현재
체르노빌에서 원전 사고가 발생했습니다.	지진으로 인해 후쿠시마에서 원전 사고가 발생했습니다.	체르노빌과 후쿠시마 원전 사고로 인한 영향과 피해가 계속되고 있습니다.

더 읽을 거리 1 원전 사고로 남겨진 동물들

원자력 사고가 나면 사람들은 위험을 피해 서둘러 대피하지만, 동물들은 그대로 남겨지는 일이 많습니다. 대피소에 반려동물을 데려가기 어려운 경우가 많고 농장 동물은 수가 많아 옮기기 쉽지 않기 때문입니다. 숲과 들에 사는 야생 동물들도 방사성 물질에 오염된 환경에서 살아가야 합니다. 이처럼 원자력 사고는 사람뿐 아니라 다양한 동물들의 생명과 삶에도 큰 영향을 미칩니다.

더 읽을 거리 2 원자력 발전소는 친환경 발전소일까?

석탄 화력 발전소에서는 전기를 만들 때 이산화 탄소가 나옵니다. 원자력 발전소는 이와 달리 이산화 탄소가 나오지 않으니 친환경적이라고 생각하는 사람들도 있지요. 그러나 방사성 폐기물 문제까지 고려한다면, 원자력 발전소를 친환경적이라고 보기 어렵습니다. 원자력 발전소에서 사용한 핵연료는 수천 년 동안 안전하게 보관해야 합니다. 이 과정에서 방사성 물질이 유출되지 않도록 주의를 기울일 필요도 있지요. 발전소에서 교체한 부품, 직원들이 쓴 모자, 장갑, 걸레 등도 방사성 물질에 오염되어 특별한 처리와 보관이 필요합니다. 이러한 폐기물을 보관할 시설을 만들기 위해 많은 자원이 소모되고 자연도 훼손됩니다.

도전! 활동하기

- 우리나라에 있는 원자력 발전소의 위치 조사하기
- 위성 지도를 이용해 원자력 발전소의 모습 살펴보기
- '원자력 발전소를 계속 운영해야 하는가'를 주제로 토론하기
- 후쿠시마 오염수 방류 문제를 다룬 신문 기사 찾아보기

쓰레기를 하나도 만들지 않는 날

#쓰레기 #자원 순환 #윤리적 소비 #__________

집이나 교실에서 버린 쓰레기가 어디로 가는지 생각해 본 적 있나요? 종량제 봉투에 넣어 정해진 곳에 내놓기만 하면 쓰레기는 금세 눈앞에서 사라집니다. 하지만 쓰레기는 마법처럼 완전히 사라지는 게 아닙니다.

우리가 버린 쓰레기는 소각장이나 매립지로 갑니다. 소각장에서 쓰레기를 태우는 과정에서는 온실가스와 대기 오염 물질이 발생합니다. 대기 오염 물질을 잘 걸러서 공기 중으로 배출되지 않도록 **각별**히 주의해야 합니다. 매립장에 묻힌 쓰레기는 썩으면서 온실가스와 유해 물질을 만들어 환경을 오염시킬 수 있습니다. 또한, 쓰레기를 묻을 땅도 점점 부족해지는 문제가 발생하고 있습니다.

최근에는 쓰레기를 친환경적으로 처리하기 위해 다양한 신기술을 **개발**하고, **적용**하고 있습니다. 그러나 쓰레기 처리보다 더 중요한 것은 쓰레기의 양 자체를 줄이는 것입니다. 이를 위해 '제로 웨이스트(Zero-waste)'를 실천해야 합니다. 제로 웨이스트란 쓰레기(waste)를 아예 만들지 않거나(Zero) 최대한 적게 나오도록 하는 생활 방식을 의미합니다.

제로 웨이스트를 위한 5가지 실천 방법

① **거절하기:** 필요 없는 물건은 받지 않습니다.

② **줄이기:** 꼭 필요한 물건만 구입합니다.

③ **재사용하기:** 다시 쓸 수 있는 물건은 계속 사용합니다.

④ **재활용하기:** 재활용 표시가 있는 쓰레기는 깨끗이 씻어 분리 배출합니다.

⑤ **썩히기:** 재활용할 수 없는 음식물은 미생물이 있는 흙에서 썩혀 없어지도록 합니다.

어휘가 쏙쏙

기사에 나온 단어의 뜻과 예문을 살펴보고, 그 단어를 사용해 간단한 문장을 만들어 봅시다.

① 각별(各 각각 각, 別 다를 별)

• 어떤 일에 대한 마음가짐이나 자세 따위가 유달리 특별함.

예문) 우리 할머니는 자연을 사랑하는 마음이 각별하다.

② 개발(開 열 개, 發 필 발)

• 새로운 물건을 만들거나 새로운 생각을 내어놓음.

예문) 새로운 제품이 개발되었다.

③ 적용(適 갈 적, 用 쓸 용)

• 알맞게 이용하거나 맞추어 씀.

예문) 새로 배운 내용을 문제를 푸는 것에 적용했다.

생각이 쏙쏙

① 쓰레기는 어떤 과정을 거쳐 처리되나요?

② 제로 웨이스트의 뜻은 무엇인가요?

③ 일상생활 속에서 쓰레기가 많이 생기는 이유는 무엇일까요?

④ 쓰레기의 양을 줄이는 것이 중요한 이유는 무엇일까요?

기념일 배경

2022년 12월, 미국 뉴욕에서는 전 세계 여러 나라가 모여 중요한 일들을 논의하는 유엔 총회가 열렸습니다. 이 회의에서 튀르키예는 매년 3월 30일을 세계 제로 웨이스트의 날로 정하자고 제안했습니다. 이 제안에 105개의 나라가 동의했기에 세계 제로 웨이스트의 날은 공식적인 유엔 기념일이 되었습니다.

사실 '제로 웨이스트'라는 단어를 만들고, 캠페인을 펼치기 시작한 것은 평범한 일반 시민들이었습니다. 제로 웨이스트의 중요성이 널리 알려지고 시민들이 제로 웨이스트를 꾸준히 실천한 덕분에 이날이 만들어질 수 있었던 것이지요.

이렇게 만들어진 세계 제로 웨이스트의 날은 하루만이라도 쓰레기를 만들지 않도록 노력하는 날입니다. 그렇다면, 우리는 일상에서 얼마나 많은 쓰레기를 만들고 있을까요? 환경부 조사에 따르면 2022년 기준으로 우리나라 국민 1명이 하루에 버리는 쓰레기의 양은 약 1.2킬로그램이라고 합니다. 무심코 사용하는 일회용품, 남기게 되는 음식물, 포장재가 많은 제품, 쉽게 버려지는 물건 등 우리의 일상 속에서 수많은 쓰레기가 모여 이 많은 양이 만들어지고 있는 것입니다. 하루 동안 쓰레기를 최대한 만들지 않는 것은 불편하고 어려울 수 있지만, 우리가 평소에 얼마나 많은 쓰레기를 아무렇지 않게 버리고 있었는지 깨닫는 계기가 될 수 있습니다.

타임라인

2010년대	2022년	2023년
제로 웨이스트를 실천하자는 캠페인이 많아졌습니다.	유엔 총회에서 세계 제로 웨이스트의 날이 제안되었습니다.	제1회 세계 제로 웨이스트의 날이 기념되었습니다.

더 읽을 거리 1 포장 쓰레기가 나오지 않는 제로 웨이스트 상점

제로 웨이스트 상점은 불필요한 포장 없이 알맹이만 파는 가게입니다. 이곳에서는 물건을 포장 없이 내용물만 그대로 판매합니다. 화장품, 세제, 시리얼, 과자 등은 필요한 만큼만 덜어 살 수 있습니다. 여러 번 쓸 수 있는 빨대나 천 주머니, 고체 치약 같은 친환경 물건도 많이 판매합니다.

더 읽을 거리 2 용기 내 캠페인

마트에서 식재료를 사거나 가게에서 파는 음식을 포장하면 비닐봉지, 랩, 일회용 플라스틱 등 많은 쓰레기가 생겨납니다. 이 같은 포장 쓰레기를 줄이기 위해 장을 보거나 음식을 포장할 때 집에서 가져온 다회용 용기나 면 주머니 등에 담아 달라고 하는 것이 '용기 내 캠페인'입니다. 따로 담아 달라고 요청하는 것이 망설여지더라도 용기를 내 보자는 의미와 준비한 다회용 용기를 건넨다는 의미를 모두 담고 있지요. 용기 내 캠페인은 우리나라 환경 보호 단체에서 시작한 성공적인 캠페인입니다. 많은 사람이 관심을 가지고 실천하면서 우리나라 환경부에서도 공식적으로 용기 내 캠페인을 홍보하고 있습니다.

도전! 활동하기

- 일주일간 우리 집에서 버려지는 쓰레기의 양과 종류 조사하기
- 내가 많이 사용하는 일회용품을 대체할 수 있는 물건이나 방법 생각해 보기
- 내가 사는 곳 근처의 제로 웨이스트 상점 알아보기
- 장을 보거나 음식을 포장할 때 용기 내 캠페인 실천하기
- 제로 웨이스트의 날 실천하기

전 세계가 1시간 동안 불을 끄면?

#자연 보호 #기후 위기 #친환경 행동 #__________

해가 지면 집집마다 하나둘씩 불이 켜집니다. 전구가 **발명**된 이후 사람들은 저녁이나 밤에도 마치 낮처럼 환하게 지낼 수 있게 되었습니다. 그런데 이렇게 고맙고 편리한 전등을 끄는 날이 있습니다. 매년 3월 마지막 주 토요일입니다. 지구(Earth)를 위한 시간(Hour)인 어스 아워(Earth Hour)를 갖기 위해서 말입니다.

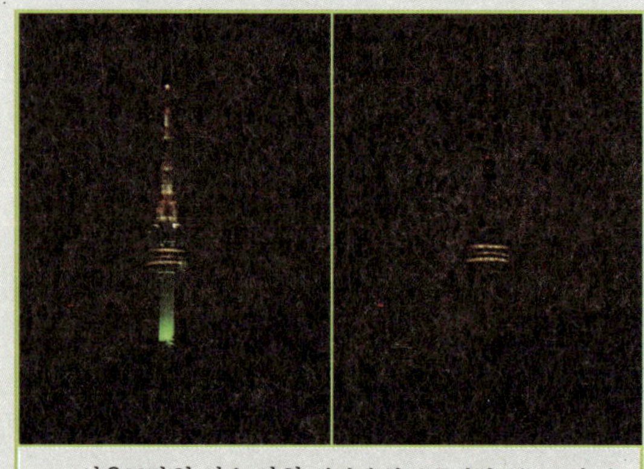
▲ 서울N타워 어스 아워_사진 출처 ©동아일보(뉴스뱅크)

3월 마지막 주 토요일 저녁 8시 30분부터 저녁 9시 30분까지, 1시간 동안 **소등**을 하는 어스 아워는 전 세계적인 행사입니다. 이날에는 항상 밝게 빛나던 전 세계 **랜드마크**들의 불이 꺼집니다. 우리나라의 서울N타워, 숭례문, 수원화성 등도 1시간 동안 불을 끄지요. 정부나 **공공 기관**뿐만 아니라 시민들이 **자발적**으로 집, 회사, 쇼핑몰, 호텔 등 다양한 곳의 불을 끄고 우리의 지구에 대해 생각해 봅니다.

어스 아워에 참여하지 않는 사람들도 평소와 달리 어두운 건물들의 모습을 보고 어스 아워에 **호기심**을 가질 수 있습니다. 어스 아워는 환경에 **실질적**인 도움이 되기도 합니다. 어스 아워는 190여 개의 나라와 7,000여 개 이상의 도시가 참여하는 세계 최대의 캠페인입니다. 많은 사람이 전등을 꺼서 전기를 절약하면 전기를 만들 때 배출되는 온실가스를 줄일 수 있습니다.

어휘가 쑥쑥

기사에 나온 단어들로 십자말풀이를 해 봅시다.

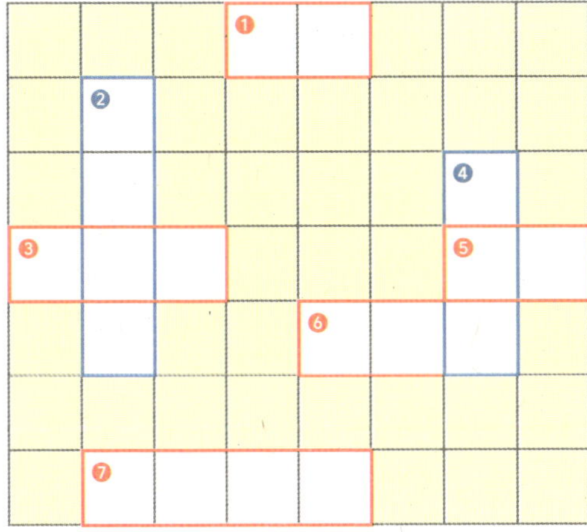

❶ 등불을 끔.

❷ 공적인 이익을 목적으로 하는 정부 관련 단체 또는 기관.

❸ 새롭거나 모르는 것에 대해 알고 싶어 하는 마음.

❹ 남이 시키지 않아도 자기 스스로 나아가 행하는 것.

❺ 아직까지 없던 기술이나 물건을 새로 생각하여 만들어 냄.

❻ 실제로 있는 본바탕에 근거하는 것.

❼ 어떤 지역을 대표하는 건물이나 장소.

생각이 쑥쑥

1. 어스 아워는 언제 하나요?
2. 어스 아워에 어떻게 참여할 수 있나요?
3. 많은 사람이 어스 아워에 참여하는 이유는 무엇이라고 생각하나요?
4. 어스 아워로 인한 온실가스 감축이 충분하다고 생각하나요? 그 이유는 무엇인가요?

기념일 배경

어스 아워를 만든 단체는 세계 자연 기금(WWF)입니다. 세계 자연 기금은 그린피스(Greenpeace), 지구의 벗(Friends of the Earth)과 함께 세계 3대 환경 보호 단체입니다. 세계 자연 기금은 많은 사람으로부터 기부를 받아 환경 보호를 위한 여러 활동을 합니다. 그중 가장 유명한 것이 어스 아워 캠페인입니다.

어스 아워는 2007년, 호주 시드니에서 처음 시작되었습니다. 지구 온난화와 기후 위기 문제가 점점 심각해지면서, 시민들의 자발적인 행동이 절실히 요구되던 시기였습니다. 세계 자연 기금과 시드니 시청은 사람들이 쉽게 참여할 수 있는 상징적인 실천을 고민했고, 그 결과 '1시간 동안 전등을 끄자'는 아이디어가 현실로 이어졌습니다. 시드니 시민 220만 명 이상이 이 캠페인에 동참했고, 도시 전역의 조명이 꺼지는 인상적인 장면은 전 세계의 이목을 끌며 어스 아워가 세계적인 환경 운동으로 확산되는 계기가 되었습니다.

어스 아워는 이후 매년 3월 마지막 주 토요일 저녁 8시 30분부터 9시 30분까지 전 세계에서 동시에 진행되며, 자연 보호의 필요성과 기후 위기의 심각성에 대한 인식을 넓히는 상징적인 환경 캠페인으로 자리 잡았습니다.

타임라인

1961년	2007년	2009년
세계 자연 기금(WWF)이 설립되었습니다.	호주 시드니에서 세계 최초의 어스 아워가 시작되었습니다.	어스 아워가 전 세계에서 가장 많은 사람이 참여하는 캠페인이 되었습니다.

더 읽을 거리 1 '캠페인'은 무엇일까요?

캠페인이란 특정한 목적을 위해 '조직적'이고 '지속적'으로 하는 활동을 의미합니다. '조직적'이라는 뜻은 어떠한 일을 일정한 원리와 규칙에 따라서 진행하는 것이며, '지속적'이라는 뜻은 어떠한 일을 한 번만 하는 것이 아니라 오랫동안 계속하는 것입니다. 어스 아워 캠페인은 환경 보호에 대한 사람들의 관심을 높이려는 목적을 위해, 정해진 날짜에 다 함께 전등을 끈다는 규칙에 따라 매년 지속적으로 진행합니다. 어스 아워 캠페인 이외에도 용기 내 캠페인, 페트병 라벨 제거 캠페인, 쓰레기 줍기 캠페인, 안 쓰는 전자 기기 플러그 뽑기 캠페인 등 다양한 환경 보호 캠페인이 있습니다.

더 읽을 거리 2 환경 보호 단체와 함께하는 방법

환경 보호 단체와 함께하는 방법에는 여러 가지가 있습니다. 단체에서 진행하는 캠페인이나 청소년 대상 프로그램에 참여하거나, 후원이나 기부를 통해 활동을 응원할 수 있습니다. 환경에 관심이 많다면 환경 보호 단체에 소속되어 일하는 활동가를 직업으로 삼을 수도 있습니다.

도전! 활동하기

- 어스 아워 웹사이트(www.earthhour.org)에 들어가 다음 어스 아워까지 남은 시간 확인해 보기
- 어스 아워 참여하기
- 어스 아워 일주일 전, 주변 사람들이 함께 참여하도록 알리기
- 지구를 위해 1시간 동안 할 수 있는 행동에는 무엇이 있을지 탐색하기

따뜻함을 선물하는 4월

따뜻한 봄 햇살과 부드럽게 불어오는 바람에 괜스레 기분이 좋아지는 4월입니다. 돋아나는 연둣빛 새잎이 눈에 띄면 겨우내 움츠러들었던 마음이 조금씩 기지개를 펴며 자연스럽게 밖으로 나가고 싶어지지요.

4월에는 따뜻한 햇볕 아래 싱그러운 야외 소풍을 즐기거나, 아름다운 벚꽃 나무 아래서 예쁜 사진을 찍을 수 있습니다. 이처럼 봄날의 아름다운 자연은 우리에게 행복을 선물합니다. 4월은 따뜻한 마음으로 자연과 동식물에게 관심을 기울일 수 있는 특별한 기회도 가득한 달이랍니다. 올봄에는 우리도 자연과 동식물에게 따뜻함을 선물해 보면 어떨까요?

4/4		4/5
세계 쥐의 날	종이 안 쓰는 날	식목일
4/7	**4/13**	**4/17**
세계 비버의 날	세계 식물 감사의 날	박쥐 환영의 날
4/20	**4/22**	**4/24**
세계 기후 소설의 날	지구의 날	세계 실험동물의 날
4/25	**4/26**	**4/29**
세계 펭귄의 날	세계 체르노빌 재해 추모의 날	세계 골프 없는 날

나무를 심기 위해 학교에 안 갔다고요?

#생태계 #지속 가능성 #__________

나라에서 정하여 다 함께 쉬는 날을 공휴일이라고 합니다. 일요일, 설날, 추석, 3·1절, 광복절, 한글날 등이 있습니다. 나무를 심는 기념일인 식목일도 1949년부터 2006년까지는 대한민국의 공휴일이었습니다. 우리나라에서 나무를 심는 일을 얼마나 중요하게 여겼는지 알 수 있는 기념일이지요. 현재 우리나라 산에 나무가 울창한 것은 이 같은 나무를 심기 위한 노력 덕분입니다.

우리나라의 **삼림**은 일제 강점기와 한국 전쟁을 거치며 많이 파괴되었습니다. 일제 강점기에는 일본으로 나무를 보내기 위해 산에서 무분별하게 벌목이 이루어졌습니다. 한국 전쟁 때는 전투와 폭격으로 숲이 불타거나 훼손되었고 추운 겨울을 나기 위해 피난민들이 나무를 베어 땔감으로 사용했습니다. 그 결과 나무가 거의 없는 민둥산이 많아졌지만, 국가와 국민의 노력으로 나무를 열심히 심은 덕에 지금처럼 푸른 숲으로 **복구**할 수 있었습니다.

나무는 소중한 자연이자 예로부터 사람들에게 꼭 필요한 **자원**입니다. 사람들은 나무로 집도 짓고 가구를 비롯해 각종 생활용품을 만듭니다. 우리가 매일 쓰는 휴지와 종이도 나무로 만든 것입니다. 또, 나무를 땔감으로 태워 요리를 만들고 난방을 할 수도 있습니다. 이처럼 요긴한 나무를 자원으로 쓸 때의 아쉬운 점은 충분히 자라기까지 오랜 시간이 걸린다는 것입니다. 이 때문에 나무를 마구 베어 사용하면 나중에는 사용할 나무가 부족해집니다. 따라서 나무를 꾸준히 심고 잘 가꾸며 현명하게 사용해야 합니다.

어휘가 쑥쑥

단어의 뜻을 살펴보고, 알맞은 한자를 골라 O로 표시해 봅시다.

1 나무가 많이 우거진 숲.

삼		림	
森 빽빽할 삼	三 석 삼	林 수풀 림	霖 장마 림

2 손상되기 이전의 상태로 회복함.

복		구	
復 돌아올 복	福 복 복	九 아홉 구	舊 옛 구

3 인간 생활 및 경제 생산에 이용되는 노동력이나 기술 등을 통틀어 이르는 말.

자		원	
自 스스로 자	資 재물 자	遠 멀 원	源 근원 원

생각이 쑥쑥

1 식목일은 어떤 기념일인가요?

2 사람들은 나무를 자원으로 어떻게 사용하나요?

3 식목일이 공휴일에서 제외된 이유는 무엇일까요?

4 나무처럼 잘 관리하며 사용해야 하는 자원에는 어떤 것들이 더 있을까요?

기념일 배경

식목일을 법정 공휴일로 정한 것은 1949년이지만, 식목일의 역사는 훨씬 더 오래전으로 거슬러 올라갑니다. 676년에 신라가 삼국을 통일한 날이 4월 5일이었으며, 고려 성종 때는 이날 즈음에 왕이 직접 농사를 짓는 행사인 '친경례(親耕禮)'를 만들었습니다. 이러한 행사는 조선 시대까지 이어져 조선 성종 때인 1493년 4월 5일에 왕과 세자, 신하들이 함께 밭을 일구었습니다. 1910년 대한 제국 시기의 순종은 친경례에서 농사를 짓는 것뿐만 아니라 직접 나무도 심었습니다. 이러한 역사를 기념하여 4월 5일을 공식적인 식목일로 정하게 된 것입니다.

타임라인

1949년	1961년	2006년
1946년 미 군정청이 4월 5일을 식목일로 제정하고 1949년부터 공휴일이 되었습니다.	1960년 식목일은 공휴일이 폐지되었다가 1년 후 다시 공휴일로 부활했습니다.	다시 식목일의 공휴일이 폐지되었습니다.

더 읽을 거리 1 다른 나라도 식목일이 있을까?

우리나라뿐 아니라 다른 나라에도 나무를 심는 기념일이 있습니다. 일본에는 매년 5월 4일 '녹색의 날'이라는 나무를 심는 공휴일이 있습니다. 중국은 매년 3월 12일을 나무를 심는 기념일로 정했는데 이날을 '식수절'이라고 합니다. 미국은 4월의 마지막 주 금요일을 식목일로 정해 나무 심기 행사를 합니다. 호주는 7월의 마지막 주 금요일에 학생들이 나무를 심고, 7월의 마지막 주 일요일에 국민 전체가 나무를 심는다고 합니다. 이외에도 전 세계의 많은 나라가 고유의 식목일을 정해 기념하고 있습니다.

더 읽을 거리 2 식목일이 공휴일에서 폐지된 이유

식목일이 공휴일에서 제외된 데에는 두 가지 이유가 있다고 합니다.

첫 번째는 2002년부터 토요일도 쉬는 주5일제가 시작되었기 때문입니다. 이전에는 일요일만 휴일이어서 토요일에도 학교와 회사에 가야 했지만, 토요일도 휴일이 된 것입니다. 주5일제로 인해 휴일이 많아졌기 때문에 기존의 공휴일이었던 식목일이 공휴일에서 빠지게 되었습니다.

두 번째 이유는 사람들이 식목일에 산으로 나무를 심으러 가서 오히려 산불을 일으키는 사고가 일어났기 때문입니다. 4월은 매우 건조해서 산에서 불을 피워 음식을 해 먹거나 담배꽁초를 제대로 끄지 않고 버리면 큰 산불이 나기 쉽습니다. 특히, 2005년 식목일에는 강원도 양양에서 큰 산불이 발생하여 많은 피해가 있었습니다.

국립산림과학원에 따르면2003년부터 2005년까지 3년 동안 식목일에 발생한 산불은 총 61건으로, 연평균 약 20건에 달했습니다. 이후 공휴일 지정이 해제된 2006년부터 2024년까지 18년 동안 식목일에 발생한 산불은 총 85건으로, 연평균 약 4.7건으로 나타났습니다. 즉, 식목일이 공휴일에서 제외된 이후 식목일에 발생하는 평균 산불 건수가 크게 줄어든 것을 알 수 있습니다.

도전! 활동하기

- 나무로 만들어지는 종이 적게 사용하기
- 지역의 나무 심기 행사 참여하기
- 내가 사는 곳 주변에 어떤 나무들이 있는지 관심 가지기
- 나무가 환경에 미치는 긍정적인 영향 조사하기
- 나무에게 고마운 마음을 담아 편지 쓰기

오늘은 지구의 생일

#생태계 #공존 #생태 시민성 함양 #__________

생일은 매년 돌아오지만 손꼽아 기다리게 되는 즐거운 날입니다. 생일이 특별한 이유 중 하나는 내가 이 세상에 태어나 건강하게 살아가는 것을 소중히 여기고 축하해 주는 사람들이 있는 덕분이 아닐까요?

많은 생명의 **터전**이 되어 주는 지구의 생일은 언제일까요? 지구가 태어난 정확한 날은 알 수 없지만, 사람들은 지구에게도 특별한 날을 만들어 주기로 했습니다. 그래서 4월 22일을 지구의 생일로 정하고 '지구의 날'로 기념하고 있습니다.

생일에 빠질 수 없는 것이 바로 생일 선물이지요. 내가 가장 원했던 선물을 받았을 때의 기분을 떠올려 봅시다. 지구가 가장 받고 싶어 하는 생일 선물은 무엇일까요? 지구가 깨끗하고 건강해지도록 우리가 노력하는 것 아닐까요?

지구의 날에는 소중한 지구에게 생일 선물을 준다고 생각하고, 지구를 위한 행동을 **실천**해 봅시다. 자원 아껴 쓰기, 에너지 **절약**하기, 일회용품 쓰지 않기, 음식 남기지 않기, 가까운 거리는 걸어가기, 재활용하기 등 지구를 위한 어떤 행동이라도 다 좋습니다. 작은 실천이라도 우리 모두가 함께하면 지구에게 큰 선물이 됩니다.

지구에 대한 재미있는 OX 퀴즈

① 지구는 태양에서 세 번째로 가까운 행성이다. (　　)

② 지구의 나이는 약 4억 5천만 살이다. (　　)

③ 바닷물은 지구 표면의 약 70%를 차지한다. (　　)

④ 지구의 대기 중에서 가장 많은 기체는 산소이다. (　　)

⑤ 지구는 완벽한 공 모양이다. (　　)

어휘가 쏙쏙

사다리 타기를 통해 단어의 뜻을 확인해 봅시다.

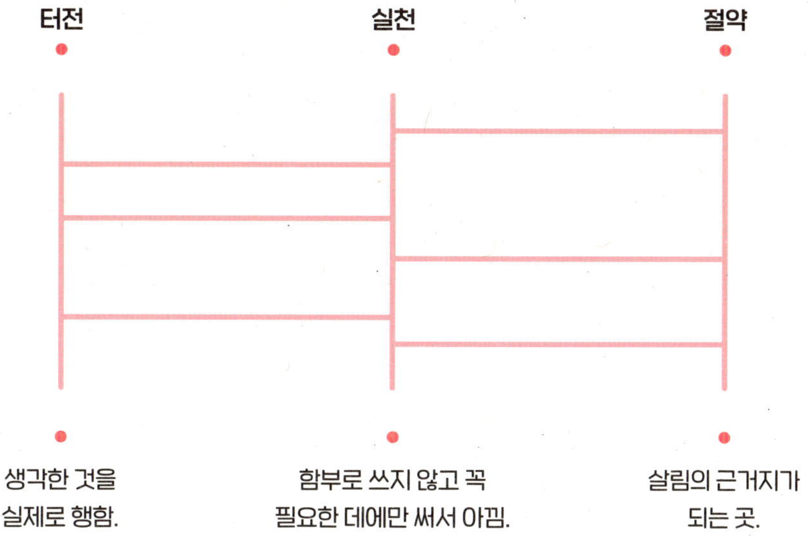

생각이 쏙쏙

1. 지구의 생일을 언제로 정했나요?
2. 사람들이 지구의 생일을 만들어 준 이유는 무엇일까요?
3. 내가 지구의 날에 할 수 있는 활동에는 어떤 것들이 있을까요?
4. 환경 보호를 위해 만들고 싶은 다른 날은 어떤 것이 있나요? 그 이유는 무엇인가요?

기념일 배경

1969년 미국 샌타바바라 근처 바다에서 엄청난 양의 기름이 바다로 유출되는 사고가 일어났습니다. 바다는 물론 인근 해변까지 기름으로 오염되면서 바다에 사는 수많은 생물이 피해를 입었습니다. 사람들은 이러한 환경 파괴를 보고 큰 충격을 받았고 환경 보호에 대한 관심이 높아졌습니다.

1970년 4월 22일 미국의 국회 의원 게이로드 닐슨이 지구의 날을 만들자고 제안하고, 대학생 데니스 헤이즈가 지구의 날과 관련된 행사를 이끌었습니다. 당시 2,000만 명 이상의 사람들이 지구의 날 행사에 참여하여 환경 보호를 주장했습니다. 그 뒤로 매년 4월 22일, 지구의 날에는 전 세계 곳곳에서 크고 작은 환경 보호 행사가 이어지고 있습니다.

지구의 날에는 다양한 환경 보호 행사가 열리는데, 그중 대표적인 것이 소등 행사입니다. 매년 3월 마지막 주 토요일 어스 아워 기념일에 건물의 전등을 끄는 소등 행사를 하는 것처럼, 지구의 날에도 전국적으로 소등 행사가 진행됩니다. 어스 아워에는 오후 8시 30분부터 1시간 동안 불을 끈다면, 지구의 날 소등 행사는 오후 8시부터 10분간 불을 끈다는 차이점이 있습니다. 불을 끄는 시간이 더 짧은 만큼 보다 많은 사람이 쉽게 참여할 수 있습니다.

타임라인

1970년	1990년	2009년
4월 22일에 지구의 날을 처음으로 기념했습니다.	지구의 날 20주년에 140개 이상의 나라가 참여하는 큰 규모의 지구의 날 행사가 열렸습니다.	우리나라는 지구의 날이 포함된 일주일 동안을 기후 변화 주간으로 정하기 시작했습니다.

더 읽을 거리 1 기후 변화 주간

우리나라는 2009년부터 매년 지구의 날이 포함된 일주일을 기후 변화 주간으로 정하고 있습니다. 점차 심각해지는 기후 변화에 모두 함께 대응해야 한다는 것을 널리 알리고자 기념 주간을 만든 것입니다. 지구의 날을 기준으로 기후 변화 주간을 정한 이유는 기후 변화가 전 지구적 문제라는 점을 강조하기 위해서입니다. 기후 변화 주간에는 기후 변화 관련 작품 대회, 강연회, 환경 음악회, 친환경 생활 인증 챌린지 등 다양한 기념행사가 열립니다.

더 읽을 거리 2 자전거의 날이기도 한 4월 22일

우리나라에서 4월 22일은 자전거의 날이기도 합니다. 자전거의 날은 전 국민이 자전거를 더 많이 타도록 2010년에 만들어진 국가 기념일이지요. 4월 22일로 정한 이유는 4월이 자전거를 타기 좋은 계절이며, 22일이 자전거 앞뒤 2개의 바퀴를 상징하기 때문입니다. 지구의 날이기도 한 4월 22일이 자전거의 날이라니 더욱 적절하게 느껴지지 않나요? 자전거는 온실가스를 배출하지 않는 지구를 위한 친환경 교통수단이기도 하니까요.

도전! 활동하기

- 4월 22일 오후 8시에 10분간 소등하기
- 지구에게 생일 축하 편지 쓰기
- 지구의 날을 알리는 기념 포스터 그리기
- 우리 지역에서 열리는 지구의 날 행사 참여하기
- 지구를 위한 친환경 행동을 정하여 하루 동안 실천하기

실험동물의 고통을 줄여요

#동물권 #동물 #생명 윤리 #__________

'실험동물'이라는 말을 들어 본 적 있나요? 실험동물이란 과학 및 의학 **연구**, 또는 신제품 개발용 실험에 사용되는 동물을 의미합니다. 이처럼 동물을 이용하는 실험을 '동물 실험'이라고 합니다. 동물 실험은 새로 개발하는 의약품, 치료법, 화장품 등이 사람들에게 효과가 있을지, 독성이나 부작용은 없는지 미리 확인하기 위해 진행됩니다.

동물 실험으로 안정성이 입증된 의약품이나 화장품 등을 쓰면 혹시 모를 위험을 줄일 수 있습니다. 하지만 이러한 혜택 뒤에 실험동물들의 고통과 희생이 있다는 사실을 잊어서는 안 됩니다. 사람 대신 실험의 대상이 되는 동물들은 실험 과정에서 육체적, 정신적 고통을 겪기 때문입니다. 따라서 실험 대상이 된 동물의 고통을 줄일 수 있는 실험 방법을 찾기 위해 지속적으로 노력해야 합니다.

또한 기존 동물 실험 결과를 여러 회사에서 공유하거나 불필요한 실험을 하지 않는 등 동물 실험은 꼭 필요한 경우에만 진행해야 합니다. 이러한 방법을 통해 고통받는 실험동물의 수를 줄이는 것이 중요합니다. 최근엔 컴퓨터 **시뮬레이션**이나 세포 **배양** 기술 등을 통해 동물 실험 대신 제품의 안전성을 확인할 수 있는 **대체** 실험 방법들이 개발되고 있습니다.

실험에 많이 이용되는 동물 순위

1위 설치류(생쥐, 래트, 기니피그, 햄스터 등)

2위 어류(구피, 송사리 등)

3위 조류(닭, 메추리 등)

4위 기타 포유류(개, 돼지, 소, 원숭이, 토끼 등)

5위 양서류, 파충류 등

어휘가 쑥쑥

기사에 등장한 단어에 대한 설명을 살펴보고, 해당 단어를 찾아 색칠해 봅시다.

- 새로운 사실이나 지식을 찾기 위해 깊이 살펴보는 일.
- 실제 상황과 비슷하게 만들어 놓고 시험하거나 연습하는 것.
- 식물, 동물, 미생물, 세포 등을 길러서 번식시키는 것.
- 다른 것으로 대신함.

락	노	토	생	두	처	대	체	허
손	태	사	더	익	곤	호	괄	조
해	연	구	톱	산	족	배	바	힘
정	수	배	어	의	기	양	차	누
이	오	김	소	나	후	무	밤	오
한	동	이	들	괴	애	효	력	장
장	생	시	뮬	레	이	션	키	오

생각이 쑥쑥

1. 실험동물은 무엇인가요?
2. 동물 실험을 하는 이유는 무엇일까요?
3. 동물 실험을 줄여야 하는 이유는 무엇일까요?
4. 만약 내가 강제로 실험의 대상이 된다면 어떤 생각이 들까요?

기념일 배경

'세계 실험동물의 날'은 실험동물을 보호하기 위한 세계적인 단체인 동물 실험 반대 협회 NAVS(National Anti-Vivisection Society)가 1979년에 만들었습니다. 기념일 날짜는 해당 단체의 전 대표인 휴 다우딩의 생일인 4월 24일을 기념하여 정해졌지요.

이날은 많은 동물이 실험으로 큰 고통을 겪고 있다는 현실을 알리고 불필요한 동물 실험을 없애기 위해 만들어졌습니다. 이후로도 무분별한 동물 실험에 반대하는 동물 보호 단체들이 전 세계적으로 많이 생겨났으며, 매년 4월24일이 되면 세계 곳곳에서 동물 실험에 반대하는 여러 행사가 열립니다.

동물 실험에 반대하는 사람들은 동물도 인간처럼 존중받아야 할 존재이며, 단순히 인간의 이익을 위해 사용되거나 학대당해서는 안 된다고 주장합니다. 인간에게 인간답게 살아가기 위해 마땅히 누려야 할 권리인 '인권'이 있는 것처럼, 동물에게도 동물답게 살아가기 위해 마땅히 누려야 할 권리인 '동물권'이 있다는 것입니다.

동물권에는 동물이 고통받지 않을 권리나 자유롭게 살아갈 권리 등이 포함됩니다. 동물은 스스로 자신의 권리를 주장할 수 없어서, 사람들이 대신 그 권리를 지켜 주어야 합니다. 우리나라에서도 '동물보호법'을 만들어 최소한의 동물권을 지켜 주기 위해 노력하고 있습니다.

타임라인

1875년	1957년	2008년
동물 실험 반대 협회가 만들어졌습니다.	유기견 '라이카'가 인간을 대신해 지구에서 가장 먼저 우주 비행 실험을 했습니다.	우리나라에서 실험동물을 보호하기 위한 '실험동물에 관한 법률'이 만들어졌습니다.

더 읽을 거리 1 크루얼티프리

'크루얼티프리(Cruelty-Free)'는 동물 실험을 하지 않고 만든 제품에 붙여지는 말입니다. 크루얼티(Cruelty)는 '잔인함', '학대'를 의미하므로, 크루얼티프리는 동물 실험을 하지 않아 동물을 잔인하게 대하지 않았다는 뜻입니다. 최근에는 우리나라를 비롯해 여러 나라에서 화장품을 만들 때 동물 실험을 금지하는 법안이 통과되면서 크루얼티프리 제품이 점점 더 많아지고 있습니다.

더 읽을 거리 2 행복을 찾은 실험동물

동물 실험 후 정상적으로 회복한 동물은 일반인에게 분양될 수 있도록 2018년에 관련 법이 개정되었지만, 여전히 실험동물 대부분은 안락사되고 있습니다. 다행히 최근에는 실험동물에게 새로운 삶을 찾아 주려는 노력이 이루어지고 있습니다. 실험견 비글 입양이 그 첫걸음입니다. 비글은 성격이 순하고 사람을 잘 따르기 때문에 실험견으로 주로 사용됩니다. 실험이 종료된 뒤, 일부 비글은 동물 보호 단체의 도움을 받아 훈련과 적응 과정을 거쳐 일반 가정으로 입양되고 있습니다. 인간을 위해 고통을 겪은 실험동물이 남은 삶을 행복하게 보낼 수 있도록 노력해야 합니다.

도전! 활동하기

- 동물 실험에 대한 찬반 토론하기
- 실험동물의 입장이 되어 일기 써 보기
- 꼭 필요한 동물 실험과 꼭 필요하지 않은 동물 실험의 조건 나눠 보기
- 우리 집에 있는 화장품, 생활용품에서 동물 실험을 하지 않은 제품 찾아보기 (Cruelty-Free, Animal Test Free, Not tested on animals 문구 찾아보기)

'녹색 사막'이라고 불리는 골프장

#생태계 #친환경 행동 #__________

골프장의 별명은 '녹색 사막'입니다. 드넓은 골프장은 잔디가 깔려 있어 녹색으로 보이지만, 잔디 말고는 어떠한 동식물도 살 수 없는 사막 같은 곳이기 때문입니다. 또, 대부분의 골프장은 사막처럼 매우 넓습니다. 골프장마다 **면적**은 다르지만, 평균적으로 축구장보다 약 150배 정도 넓습니다.

넓은 골프장을 만들려면 숲이나 습지 등 기존의 자연환경을 파괴할 수밖에 없습니다. 골프장으로 인해 그곳에 살던 동식물은 서식지를 잃고 동물의 이동 경로도 막혀 버립니다. 또, 골프장의 잔디 관리를 위해 대량의 물과 농약도 사용되지요. 골프장에 뿌려진 농약은 주변 토양과 **수질**을 오염시킬 위험이 있습니다.

문제는 골프장이 계속 늘어나고 있다는 것입니다. 우리나라의 경우, 1989년에 48곳이던 골프장이 2023년에는 543곳으로 10배 이상 늘어났습니다. 그럼에도 매년 새로운 골프장이 만들어지고 있습니다. 골프를 즐기는 일부 사람을 위한 골프장 때문에 지구의 생태계가 파괴되고 환경이 오염되는 것은 **공정**하지 않습니다.

이제는 새로운 골프장을 만들지 않고, 기존의 골프장도 조금 더 친환경적으로 운영할 수 있는 방법을 함께 찾아야 할 때입니다.

골프에 대한 알쏭달쏭 재미있는 OX 퀴즈

① 골프는 공으로 하는 스포츠 중 가장 작은 공을 사용한다. (   )

② 하나의 골프장에서 잔디에 물을 주기 위해 하루 평균 약 900톤의 물이 사용된다. (   )

③ 골프장 잔디를 심기 전, 땅에 모래나 인공 흙을 덮는다. (   )

어휘가 쑥쑥

다음 암호표를 보고 알맞은 영어 단어를 찾아봅시다.

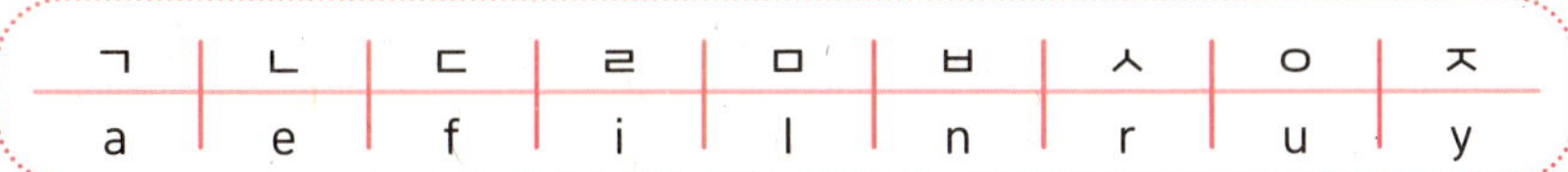

ㄱ	ㄴ	ㄷ	ㄹ	ㅁ	ㅂ	ㅅ	ㅇ	ㅈ
a	e	f	i	l	n	r	u	y

1 **면적:** 땅이나 바닥의 넓이.

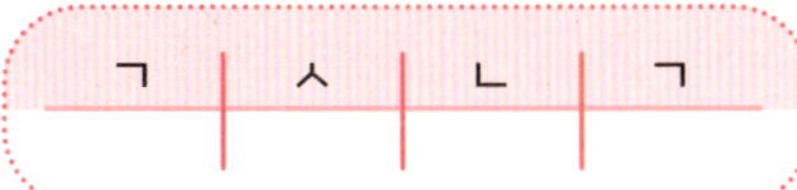

ㄱ	ㅅ	ㄴ	ㄱ

2 **수질:** 물의 성질과 상태.

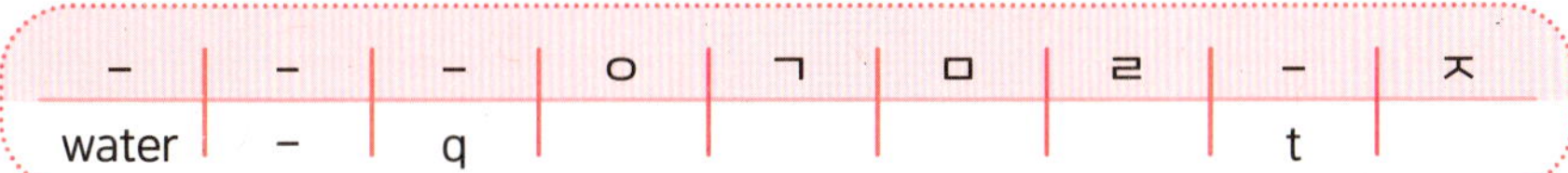

–	–	–	ㅇ	ㄱ	ㅁ	ㄹ	–	ㅈ
water	–	q					t	

3 **공정:** 공평하고 올바름.

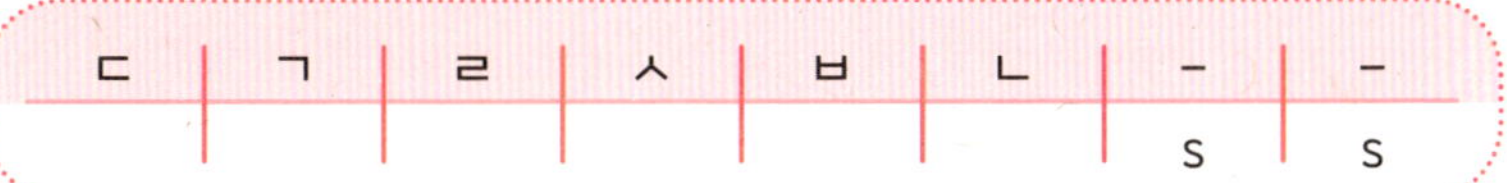

ㄷ	ㄱ	ㄹ	ㅅ	ㅂ	ㄴ	–	–
						s	s

생각이 쑥쑥

1 골프장을 '녹색 사막'이라고 부르는 이유는 무엇인가요?

2 골프장으로 인해 발생하는 환경 문제에는 어떤 것들이 있나요?

3 골프장이 만들어지기 전, 숲에 살던 동물들의 입장은 어떠할까요?

4 골프를 좋아하는 사람들을 어떻게 설득하고 타협할 수 있을까요?

기념일 배경

'세계 골프 없는 날'은 1992년 11월 태국 푸켓에서 열린 제3세계 관광 포럼에서 제안되었습니다. '제3세계'란 경제적으로 덜 발달한 개발 도상국을 가리키는 표현입니다. 개발 도상국에서 부유한 관광객들을 위해 골프장을 건설하면서 자연환경이 파괴되고 기존 지역 주민이 피해를 받는 문제가 생겼기 때문입니다. 제3세계 관광 포럼에서는 '세계 골프 없는 날'을 만들어 골프장 건설로 인한 문제점들을 알리고 새로운 골프장의 건설을 반대하고자 했습니다. 이후 1993년부터 매년 4월 29일을 '세계 골프 없는 날'로 기념하고 있습니다.

타임라인

1754년	1921년	1993년
세계 최초의 공식적인 골프장이 스코틀랜드에 만들어졌습니다.	우리나라 최초의 골프장이 만들어졌습니다.	제1회 세계 골프 없는 날이 기념되었습니다.

더 읽을 거리 1 친환경 골프장

골프장 때문에 발생하는 심각한 환경 문제가 알려지면서 환경을 고려한 친환경 골프장도 운영되기 시작했습니다. 친환경 골프장은 기존의 자연환경을 최대한 유지하면서 골프장을 만들기 위해 노력합니다. 물의 사용량을 줄이기 위해 물을 효율적으로 관리하고 빗물을 재활용하기도 합니다. 농약의 사용을 최소화하거나, 농약 대신 자연적인 방법으로 잡초를 관리합니다. 전기 사용을 줄이기 위해 태양광 발전 등 재생 가능 에너지를 활용하기도 합니다. 이처럼 골프를 즐기면서도 환경에 주는 피해를 줄이기 위한 노력은 앞으로도 꾸준히 이루어져야 합니다.

더 읽을 거리 2

환경도 지키고 스포츠도 즐기는 방법

스포츠 활동은 재미있게 건강을 지키는 좋은 여가 활동입니다. 최근 환경 문제가 심각해지면서 스포츠를 즐길 때도 환경을 생각하는 사람들이 많아지고 있습니다. 스포츠를 즐기며 자연에 버려진 쓰레기를 줍는 활동이 대표적입니다. 예를 들어 가볍게 달리면서 쓰레기를 줍는 '플로깅(Plogging)', 서핑 전에 바다에 떠다니는 쓰레기를 치우는 '플로퍼(Plofer)', 바닷속에 다이빙을 하면서 쓰레기를 건지는 '스윔픽(Swimpick)' 등의 활동이 있습니다. 나무에 오르며 나무의 건강을 확인하는 '트리 클라이밍(Tree climbing)', 헬스장에서 러닝머신이나 실내 자전거를 타면서 전기를 생산하는 '에코짐(Eco-gym)'도 있습니다.

▲ 스윔픽 중인 다이버

▲ 트리 클라이밍

도전! 활동하기

- 우리 지역에 있는 골프장 정보 조사하기
- 세계 골프 없는 날을 알리는 홍보 자료 만들기
- 달리기하며 쓰레기도 줍는 플로깅에 참여하기
- 골프장을 친환경적으로 운영할 수 있는 방법 토의하기
- 골프장 주변에 사는 야생 동물의 입장에서 골프장을 관찰하는 글쓰기

마음을 표현하는 5월

많은 어린이가 어린이날이 있는 5월을 좋아합니다. 어린이날이 되면 어른들은 어린이날의 주인공인 어린이들이 행복하고 즐거운 하루를 보낼 수 있도록 노력합니다. 며칠 뒤 이어지는 어버이날에는 어린이들이 부모님에게 감사와 존경의 마음을 표현하며 부모님에게 기쁨을 드리기 위해 노력하지요. 이처럼 5월은 서로의 마음을 전하며 소중함을 되새기는 달입니다. 이에 맞춰 환경과 관련된 5월의 주인공들도 만나 볼까요? 각 기념일의 주인공들이 지구에서 건강하고 행복하게 살아갈 수 있도록 관심을 기울여 봅시다.

5월 첫째 주	5/2	5/3
세계 토비 인식 주간	세계 참치의 날	세계 야생 코알라의 날
5월 첫째 주 일요일	5/10	5월 둘째 주 토요일
세계 퍼머컬처의 날*	바다식목일	세계 공정 무역의 날
	5/20	5/22
세계 철새의 날	세계 꿀벌의 날	세계 생물 다양성의 날
5/23	5월 마지막 주 수요일	5/31
세계 거북의 날	세계 수달의 날	바다의 날

* 자연 생태계의 원리를 활용해 지속 가능한 삶을 실천하는 날.

바다식목일이 따로 있다고?

#생태계 #서식지 #기후 위기 #국제 협약 #___________

매년 4월 5일은 나무를 심어 숲을 가꾸는 식목일입니다. 그런데 땅 위의 숲뿐만 아니라 바닷속의 숲, 그러니까 바다 숲을 만드는 날도 있습니다. 바로 5월 10일 '바다식목일'입니다.

육상에서 나무들이 숲을 이루듯, 바다에는 해조류가 울창한 바다 숲을 형성합니다. 해조류란 바다에 살며 광합성을 하는 생물을 통틀어서 이르는 말입니다. 우리가 먹는 김, 다시마, 미역, 감태, 톳, 파래 등이 해조류이지요. 해조류는 이산화 탄소를 흡수하고 산소를 내뿜으며 광합성을 합니다. 놀랍게도 지구 전체 산소의 절반 이상이 해조류의 광합성으로 만들어지지요.

바다 생태계에서 해조류는 아주 중요한 역할을 합니다. 해조류가 많은 바다 생물의 먹이이자, **천적**을 피해 숨고 알을 낳는 서식지가 되어 주기 때문입니다. 그런데 이렇게 중요한 해조류가 점점 사라져 바닷속 생태계가 **황폐**해지는 '바다 사막화' 현상이 생겨나고 있습니다. 바다 사막화의 주요 원인은 지구 온난화입니다. 바다의 수온이 높아지고, 대기 중 이산화 탄소가 많이 녹아들면서 해조류가 잘 자라지 못하게 된 탓입니다.

바다식목일은 바다 사막화 현상을 막고 해조류가 풍부한 바다 숲을 **조성**하기 위해 우리나라가 세계 최초로 만든 기념일입니다. 이날에는 여러 바닷가 지역에서 해조류를 심는 행사가 열립니다. 실험실에서 작은 돌 위에 기른 해조류를 바다에 가라앉히거나, 해조류가 바위에 잘 붙어 자라도록 바닷속 바위 표면을 닦아 주기도 합니다.

어휘가 쏙쏙

기사에 나온 단어와 단어의 뜻을 알맞게 짝지어 봅시다.

육상 •	• 땅 위를 이르는 말.
천적 •	• 어떤 목적에 맞게 만들거나 이루는 것.
황폐 •	• 잡아먹는 동물을 잡아먹히는 동물에 상대하여 이르는 말.
조성 •	• 집, 토지, 삼림 따위가 거칠어져 못 쓰게 됨.

생각이 쏙쏙

1. 바다식목일은 어떤 기념일인가요?
2. 바다식목일을 만든 이유는 무엇인가요?
3. 해조류와 기후 변화는 어떤 관련이 있을까요?
4. 해조류가 잘 자라지 못하면 바다 생태계에는 어떤 일이 일어날까요?

기념일 배경

'바다식목일'은 바닷속 생태계의 중요성을 널리 알리고, 국민의 관심 속에서 바다 숲을 만들어 바다 사막화를 막기 위해 만들어졌습니다. 바다 사막화 현상 때문에 바닷속이 황폐화되는 문제가 우리나라에서 동해안을 중심으로 심각해지자, 2011년 12월 29일 바다식목일을 만들자는 내용이 담긴 법안이 국회에서 통과되었습니다. 바다식목일이 있는 달을 5월로 선택한 이유는 이 시기에 해조류가 잘 자라기 때문입니다. 이후 2013년부터 5월 10일에 바다식목일이 기념되고 있습니다.

타임라인

1980년대	2009년	2013년
우리나라 제주도와 남해안 일부 지역에서 바다 사막화 현상이 발견되기 시작했습니다.	바닷속 생태계를 위한 우리나라의 바다 숲 만들기 사업이 시작되었습니다.	제1회 바다식목일이 기념되었습니다.

더 읽을 거리 1 블루카본

해조류의 광합성은 기후 위기 대응에도 도움이 됩니다. 광합성 과정에서 이산화 탄소를 흡수해 자신의 몸체에 탄소 형태로 저장하기 때문입니다. 해조류가 죽은 뒤 일부는 바다 바닥에 가라앉아 장기간 저장되기도 합니다. 이처럼 바다 생태계에서 광합성 하는 생물을 이용하여 저장된 탄소를 블루카본(Blue Carbon)이라고 합니다.

바다 생태계는 수천 년 동안 탄소를 저장할 수도 있습니다. 탄소를 오랫동안 저장할 수 있는 이유는 바다 생태계가 물속에 잠겨 있는 덕에 바닷속 바닥에 쌓인 유기물이 쉽게 분해되지 않기 때문입니다.

더 읽을 거리 2 해조류는 식물일까요?

해조류는 바닷속 식물이라고 생각하기 쉽지만, 정확하게 분류하자면 식물이 아닙니다. 식물처럼 광합성을 하지만 식물과는 다른 특성을 지니거든요. 식물은 뿌리, 줄기, 잎으로 구분되지만, 해조류는 이 같은 구조를 지니지 않았습니다. 뿌리처럼 보이는 부분도 바닷속 바위 등 단단한 물체에 붙어 있게 해 주는 역할만 할 뿐, 식물의 뿌리처럼 영양분을 흡수하지 못하지요. 또, 해조류는 꽃을 피우지 않고 씨앗 대신 포자로 번식합니다.

해조류는 단순한 구조를 가진 생물로 식물이나 동물에 속하지 않아요. 해조류에는 현미경으로만 볼 수 있는 아주 작은 단세포부터 다시마나 미역처럼 길이가 수 미터에 이르는 큰 다세포까지 다양한 종류가 있습니다. 종류와 서식 환경에 따라 붉은색, 갈색, 녹색 등 색깔도 다양합니다.

한편, 해조류와 비슷하게 보이는 해초류는 진정한 의미의 식물입니다. 뿌리, 줄기, 잎이 뚜렷하고 꽃을 피워 씨앗으로 번식합니다. 해초류는 얕은 바닷속에서 볼 수 있으며, 바닷속 모래나 진흙에 뿌리를 내려 자랍니다. 우리나라 바다에서는 주로 잘피와 말잘피라는 해초를 볼 수 있습니다.

도전! 활동하기

- 바다식목일 공모전 참가하기
- 바다식목일에 대해 알리는 홍보 자료 만들기
- 학교 급식 식단표에서 해조류로 만든 음식 찾아보기
- 해조류의 종류 조사하기
- 해조류를 먹이로 삼는 바다 생물 조사하기

저렴한 물건의 진짜 가격

#환경 정의 #생태 시민성 함양 #__________

5월 둘째 주 토요일은 세계 공정 무역의 날입니다. 많은 사람에게 공정 **무역**의 의미와 중요성을 알리고 공정 무역 제품을 구매하도록 **권장**하는 날이지요.

공정 무역이란 제품 생산자가 노동의 가치에 맞는 정당한 대가를 받고 안전하게 일할 수 있도록 하는 무역 방법입니다. 일반 제품보다 제품 생산자에게 더 많은 **몫**이 돌아가게 합니다. 예를 들어 시장에서 3,000원짜리 바나나를 샀다고 가정해 봅시다. 기존 무역에서는 바나나를 키운 사람들에게 약 100원밖에 돌아가지 않습니다. 반면, 공정 무역 바나나를 구매하면 키운 사람들이 약 700원을 받을 수 있습니다.

공정 무역 제품의 구매는 환경에도 도움이 됩니다. 공정 무역의 중요한 원칙 중 하나가 제품 생산 과정에서 환경 보호를 위해 노력하는 것이기 때문입니다. 예를 들어 공정 무역 농작물을 기를 때는 화학 비료나 농약의 사용을 줄이고 포장할 때도 친환경 재료나 재활용 재료를 활용해야 합니다.

바나나, 커피, 초콜릿, 와인, 면화 등이 대표적인 공정 무역 제품이며 이 밖에도 3,000여 종의 다양한 상품이 있습니다. 내가 사려는 물건이 공정 무역 제품인지 알 수 있는 방법은 간단합니다. 제품에 공정 무역 인증 마크가 표시되어 있는지 확인하면 됩니다. 공정 무역 인증 마크는 공정 무역 원칙에 따라 생산된 상품에 **부여**되는 인증 표시입니다.

물건을 구매할 때 단순히 가격만 따질 것이 아니라, 저렴한 가격 뒤에 감추어진 중요한 가치는 없는지 한 번 더 생각해 볼 필요가 있습니다.

어휘가 쏙쏙

단어의 뜻을 살펴보고, 주어진 자음과 모음을 조합해 단어를 만들어 봅시다.

① 나라와 나라 사이에 서로 물품을 사고팔거나 교환하는 일.

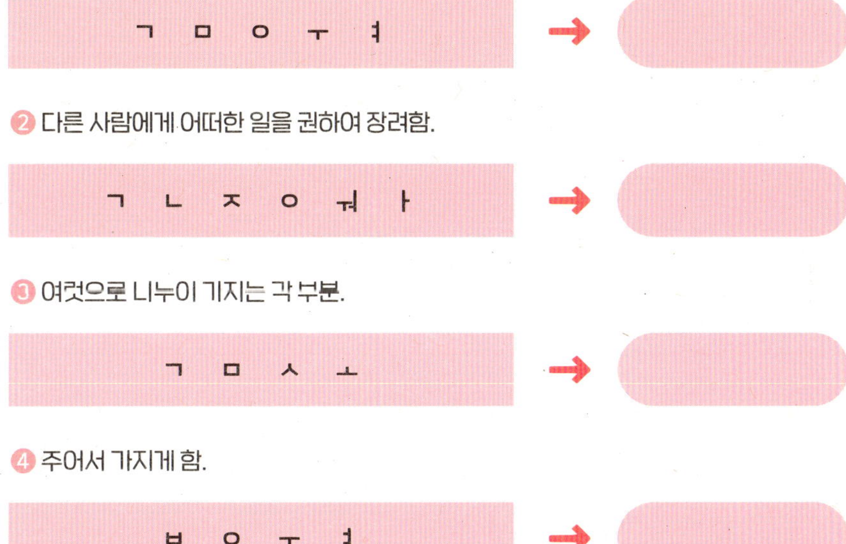

② 다른 사람에게 어떠한 일을 권하여 장려함.

③ 여럿으로 나누어 가지는 각 부분.

④ 주어서 가지게 함.

생각이 쏙쏙

① 공정 무역이란 무엇인가요?

② 공정 무역이 필요한 이유는 무엇인가요?

③ 화학 비료나 농약의 사용을 줄였을 때, 농장에서 일하는 사람에게 어떤 점이 좋을까요?

④ 저렴한 물건의 가격에 포함되지 않은 값은 무엇일까요?

기념일 배경

공정 무역은 1940년대 후반 미국과 유럽에서 처음 시작된 이후, 1980년대부터 이를 돕는 여러 단체가 생기며 활발해졌습니다. 우리나라에서는 2003년 네팔과 인도에서 만든 공정 무역 수공예품을 판매하면서 공정 무역 제품이 알려지기 시작했지요. 그러다 1995년 유럽에서 공정 무역 상품을 모아서 판매하는 큰 행사가 열린 것을 계기로 '세계 공정 무역의 날'을 기념하기 시작했습니다. 이후 2001년에 세계 공정 무역 회의에서 전 세계가 함께하는 공정 무역 행사를 개최할 것이 제안되었지요. 이후 2002년부터 매년 5월 둘째 주 토요일을 세계 공정 무역의 날로 기념하고 있습니다.

타임라인

1940년대	1989년	2002년
1940년대 후반 미국과 유럽에서 공정 무역이 시작되었습니다.	세계의 공정 무역을 돕기 위한 세계 공정 무역 기구(WFTO)가 만들어졌습니다.	제1회 세계 공정 무역의 날이 기념되었습니다.

더 읽을 거리 1 저렴한 가격을 만드는 플랜테이션 농업

플랜테이션 농업은 특정 작물을 대량 재배하는 방식입니다. 사탕수수, 커피, 바나나 등 무역 가치가 높은 농작물을 열대 지역에서 재배하며 세계적인 기업에서 운영하는 경우가 많습니다. 기업은 넓은 땅을 사들인 뒤, 노동자에게 낮은 임금을 주며 일하게 합니다. 플랜테이션 농업은 한 종류의 농작물만 대량 재배하고 농약과 비료를 많이 사용하기 때문에 생산량이 많아 상품을 저렴한 가격에 판매할 수 있습니다. 하지만 환경을 해치고 노동자의 권리를 보호하지 못한다는 문제가 있습니다.

더 읽을 거리 2 착한 소비, 가치 소비

소비자가 단순히 가격 또는 품질만 따지는 것이 아니라 물건이 만들어지기까지의 과정이 정의롭고 문제가 없었는지 따져서 선택하는 것을 착한 소비 혹은 가치 소비라고 합니다. 이는 소비자의 선택이 단순한 구매 행위를 넘어, 자신이 지키고 싶은 신념과 가치관을 드러내는 방식이기도 합니다. 생산자가 정당한 임금을 받고 안전한 환경에서 일할 수 있도록 돕는 공정 무역 제품, 환경 오염을 최소화해 만든 친환경 제품, 동물에게 불필요한 고통을 주지 않는 동물 복지 제품 등의 구매가 대표적인 착한 소비의 방식이지요.

이런 제품은 일반 제품보다 가격이 조금 더 비쌀 수 있지만, 소비자는 그 차이를 '더 나은 세상에 투자하는 비용'으로 생각합니다. 최근에는 기후 위기, 환경 파괴, 인권 및 동물권 문제에 대한 인식이 높아지면서 착한 소비, 가치 소비를 실천하는 사람들이 꾸준히 늘고 있습니다. 이를 반영해 기업은 환경을 지키고 인권과 동물권을 존중하는 생산 방식을 도입하고 소비자가 쉽게 선택할 수 있도록 인증 마크나 제품 정보를 적극적으로 표시하고 있습니다.

도전! 활동하기

- 공정 무역의 10가지 원칙 조사하기
- 우리 지역에서 공정 무역 물품을 판매하는 곳 찾아보기
- 공정 무역 인증 표시가 있는 제품 찾아보기
- 공정 무역 제품 구매하기
- 공정 무역을 주제로 포스터 그리기
- '공정 무역'으로 4행시 짓기

꿀벌이 사라지면 큰일 나요!

#동물 #생태계 #기후 위기 #__________

여러분은 달콤하고 향긋한 벌꿀을 좋아하나요? 꽃의 꿀을 부지런히 모아 주는 꿀벌 덕분에 우리는 맛있는 벌꿀을 즐길 수 있습니다. 벌꿀 이외에도 꿀벌에게 프로폴리스, 로열 젤리, 밀랍 등 다양한 것들을 얻을 수 있지요. 하지만 꿀벌로 얻을 수 있는 혜택 중 가장 중요한 것은 따로 있습니다. 바로 꿀을 모으는 과정에서 꽃가루를 옮겨 식물이 열매를 맺도록 도와주는 것입니다.

유엔 식량 농업 기구에 따르면, 전 세계 식량의 90퍼센트를 차지하는 100대 농작물 중 70퍼센트 이상이 꿀벌 덕분에 열매를 맺는다고 합니다. 이 사실만 보아도 꿀벌은 생태계의 수호자라 할 수 있습니다. 식물의 번식을 도와줌으로써 식물을 먹어야 하는 초식 동물은 물론, 그 초식 동물을 먹이로 삼는 육식 동물까지 살아갈 수 있도록 하기 때문입니다.

이토록 중요한 꿀벌이 갑자기 단체로 사라지거나 죽는 일이 발생했습니다. 이 문제가 처음 알려진 것은 2006년 미국과 유럽에서였지만, 우리나라에서도 2022년에 꿀벌의 집단 실종 사건이 일어났습니다. 이처럼 한 벌집에서 함께 사는 꿀벌 **무리**가 사라지는 것을 '**군집** 붕괴 현상'이라고 합니다. 이 현상은 여러 원인이 **복합적**으로 작용한 결과입니다. 사람들이 뿌린 농약이 꿀벌의 기억력이나 행동에 악영향을 미치며, 죽음에 이르게도 합니다. 꿀벌을 괴롭히는 진드기인 꿀벌응애도 많이 퍼졌습니다. 기후 위기 역시 문제입니다. 꽃이 피는 시기와 꿀벌의 활동 시기가 맞지 않아 먹이를 찾기가 어려워지고, 들쭉날쭉한 날씨는 꿀벌의 생존에 큰 위협이 되기 때문입니다.

어휘가 쑥쑥

기사에 나온 단어의 뜻과 예문을 살펴보고, 그 단어를 사용해 간단한 문장을 만들어 봅시다.

① 무리

- 사람이나 짐승, 사물 따위가 모여서 뭉친 한 동아리.

예문) 환경 보호를 위해 한 무리의 사람들이 공원에 모였다.

② 군집(群 무리 군, 集 모을 집)

- 여러 종류의 생물이 한 지역에 살면서 생활하는 모임.
- 사람이나 건물 따위가 한곳에 모임.

예문) 개미는 땅굴에서 군집을 이루어 살고 있다.

③ 복합적(複 겹옷 복, 合 합할 합, 的 과녁 적)

- 두 가지 이상이 합쳐 있는 것.

예문) 기후 변화로 인한 영향은 복합적으로 나타난다.

생각이 쑥쑥

① 사람들이 꿀벌을 키우는 이유는 무엇인가요?

② 꿀벌이 사라지는 원인에는 어떤 것들이 있나요?

③ 꿀벌이 사라지면 어떤 일들이 생길까요?

④ 꿀벌이 건강하게 살아가도록 도울 방법은 무엇이 있을까요?

기념일 배경

야생에서 사는 꿀벌도 있지만, 사람이 꿀벌을 키우기도 합니다. 벌집을 지을 수 있는 통을 마련해 두고 꿀벌을 키우는 것을 '양봉'이라고 합니다. 유럽의 슬로베니아는 전통적으로 양봉을 많이 하기로 유명한 나라입니다. 꿀벌을 키우는 문화가 오랜 세월 이어져 내려왔고, 지금도 많은 국민이 양봉을 취미로 즐길 정도입니다. 세계 꿀벌의 날도 슬로베니아가 2015년 유엔에 처음 제안했습니다. 기념일 날짜는 슬로베니아의 유명한 양봉가 안톤 얀사의 생일인 5월 20일로 정했으며, 2017년 12월 유엔 총회에서 공식적으로 '세계 꿀벌의 날'이 만들어졌습니다.

타임라인

2007년	2013년	2018년
꿀벌 군집 붕괴 현상이 미국과 유럽에서 발견되었습니다.	유럽 연합은 꿀벌 군집 붕괴 현상과 관련이 있는 살충제의 사용을 제한했습니다.	제1회 세계 꿀벌의 날이 기념되었습니다.

더 읽을 거리 1 꿀벌의 의사소통

꽃밭을 발견한 꿀벌은 다른 꿀벌에게 이것을 어떻게 알려 줄까요? 꿀벌은 춤으로 의사소통을 합니다. 태양의 위치를 기준으로 춤을 추며 꽃밭의 방향을 나타내고 춤의 속도로 꽃밭까지의 거리를 나타냅니다. 빠르게 춤을 추면 꽃밭이 가까이, 느리게 춤을 추면 꽃밭이 멀리 있다는 의미입니다. 꼬리를 얼마나, 어느 각도로 흔드느냐에 따라 꽃밭에서 얻을 수 있는 꿀이나 꽃가루의 양도 나타낼 수 있습니다. 이처럼 꿀벌의 춤은 단순한 움직임이 아니라, 정확하고 섬세한 의사소통 방법입니다.

더 읽을 거리 2 꿀벌이 우리에게 주는 것

벌꿀	꽃의 꿀(당분)을 꿀벌이 먹었다가 토해 낸 액체입니다. 꽃의 꿀이 꿀벌에 의해 분해되어 점성이 있는 액체가 됩니다. 벌꿀 1킬로그램을 얻으려면 꿀벌이 약 560만 송이의 꽃에서 꿀을 모아야 합니다.
밀랍	꿀벌이 만들어 내는 일종의 고체 기름으로 벌집을 만드는 데 쓰입니다. 밀랍은 고대부터 사람들이 여러 용도로 활용해 왔습니다. 최근에는 일회용 랩을 대신하기 위해 면에 밀랍을 발라 여러 번 사용 가능한 랩을 만들기도 합니다.
프로폴리스	꿀벌이 벌집의 작은 틈을 메우고 미생물로부터 자신들을 보호하기 위해 나무의 싹이나 수액으로부터 모은 물질입니다. 프로폴리스는 벌집을 청결하게 유지하며 세균을 막아 주는 효과가 있습니다.
로열 젤리	꿀벌이 꽃가루와 꿀을 소화시켜 만든 물질입니다. 일벌이 될 애벌레는 2~3일간만 로열 젤리를 먹고, 여왕벌이 될 애벌레는 계속 로열 젤리를 먹어 여왕벌이 됩니다. 로열 젤리는 영양제나 화장품으로 활용됩니다.

도전! 활동하기

- 달콤한 꿀 맛보기
- 고마운 꿀벌에게 편지 쓰기
- 꿀벌에게 별명 지어 주기
- 꿀벌의 생태적 특징 조사하기
- 꿀벌과 비슷하게 생긴 곤충의 사진을 찾아보고 꿀벌과 비교하기

다채로울수록 건강한 생태계

#생태계 #멸종 위기종 #기후 위기 #국제 협약 #__________

다채로운 꽃과 나무, 풀이 함께 자라며 다양한 곤충이 부지런히 움직이고, 여러 종류의 새들이 지저귀는 조화롭고 아름다운 숲속을 떠올려 봅시다. 만약 숲속에 한 종류의 꽃이 사라진다면 어떨까요? 그 꽃의 영향을 받으며 살아가는 다른 곤충이나 새도 살아가기 어려워질 것입니다. 생물 다양성이란 지구에 다양한 종류의 생물이 풍부하게 살아가는 상태를 말합니다.

생물 다양성은 크게 세 가지 수준으로 나눌 수 있습니다. 첫 번째는 생태계 다양성입니다. 생태계 다양성이란 생물의 서식지인 자연환경의 다양성을 의미합니다. 지구에는 숲, 습지, 사막, 갯벌, 초원 등 다양한 생태계가 있지요. 두 번째는 생물종의 다양함을 의미하는 **종** 다양성입니다. 종 다양성은 지구에 존재하는 다양한 동물과 식물의 종류를 나타냅니다. 마지막으로 **유전자** 다양성은 같은 종 내에서도 유전자가 조금씩 다르게 나타나는 것을 가리킵니다. 이를테면 달팽이마다 껍데기 무늬와 색이 조금씩 다른 것은 유전자의 미묘한 차이 때문입니다. 이 세 가지 수준이 모두 건강하게 유지되어야 생물 다양성이 높다고 할 수 있지요.

생물 다양성의 현재 상태를 나타내는 지구생명지수(Living Planet Index, LPI)는 1970년에서 2010년까지 40년 동안 52퍼센트나 줄어들었습니다. **무분별**한 개발로 인해 생태계가 파괴되고 기후 위기가 심각해지며 생물 다양성이 심각하게 줄어든 것입니다. 생물 다양성이 줄어들면 생태계의 균형이 깨져 인간을 비롯한 생명이 살아가기 힘들어집니다. 우리는 지금이라도 생물 다양성을 지키기 위해 노력해야 합니다.

어휘가 쑥쑥

사다리 타기를 통해 단어의 뜻을 확인해 봅시다.

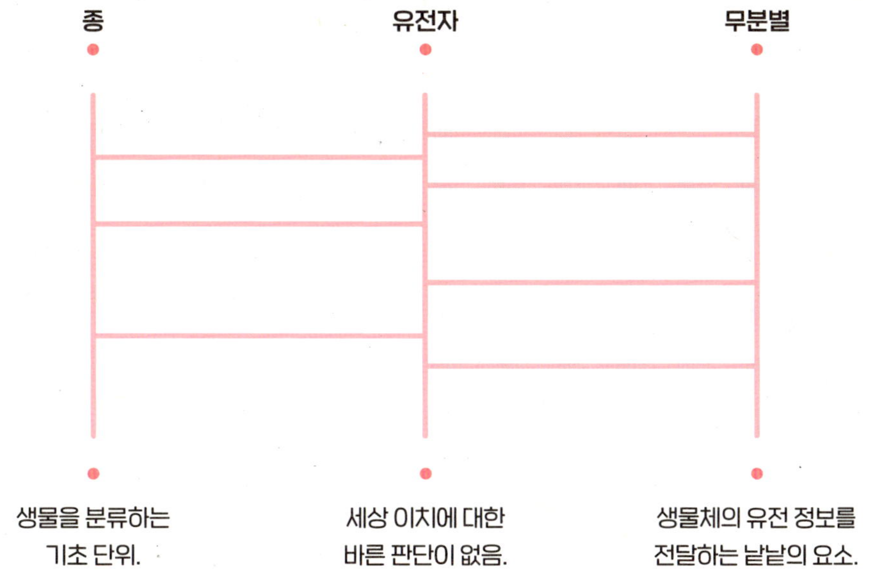

생물을 분류하는 기초 단위.

세상 이치에 대한 바른 판단이 없음.

생물체의 유전 정보를 전달하는 낱낱의 요소.

생각이 쑥쑥

1. 생물 다양성이란 무엇인가요?
2. 생물 다양성이 중요한 이유는 무엇인가요?
3. 기후 변화로 인해 생물 다양성이 감소하는 이유는 무엇일까요?
4. 생물 다양성을 지키기 위한 노력에는 어떤 것들이 있을까요?

기념일 배경

'세계 생물 다양성의 날'은 유엔의 생물 다양성 협약을 기념하기 위해 만들어졌습니다. 생물 다양성 협약은 생물 다양성을 지키기 위해 여러 나라가 함께 노력하기로 약속한 국제 협약입니다.

이 협약은 1992년 5월 22일에 케냐 나이로비에서 채택되었고, 1993년 12월 29일부터 발효되었습니다. 처음에는 협약 발효일인 12월 29일로 세계 생물 다양성의 날을 정했다가 협약 채택일인 5월 22일로 기념일 날짜를 변경했습니다. 세계 생물 다양성의 날에는 여러 나라에서 생물 다양성의 중요성에 대한 이해를 높이기 위한 행사가 열립니다.

현재 우리나라는 생물 다양성 보전과 연구를 위해 환경부 소속 기관인 국립생물자원관을 운영하고 있습니다. 이곳에서는 국내 생물 자원을 조사하고, 멸종 위기종을 보전하며, 전시와 교육 프로그램을 통해 생물 다양성의 중요성을 널리 알리고 있습니다. 국립생물자원관에서 운영하는 '한반도의 생물 다양성' 웹사이트에서는 우리나라에서 살아가는 약 6만 여 종의 생물종을 확인할 수 있습니다.

타임라인

1994년	2000년	2010년
우리나라가 생물 다양성 협약에 가입했습니다.	세계 생물 다양성의 날이 12월 29일에서 5월 22일로 변경되었습니다.	유엔은 2010년을 '세계 생물 다양성의 해'로, 2011년부터 2020년까지를 유엔 생물 다양성 10년으로 정하고 생물 다양성을 지키기 위해 집중적인 노력을 했습니다.

더 읽을 거리 1 종 다양성과 먹이 그물

먹이 그물은 다양한 생물들 사이에 먹고 먹히는 관계를 선으로 이어 그물처럼 나타낸 것입니다. 종 다양성이 높을수록 먹이 그물이 복잡하게 연결되어 있습니다. 종 다양성이 높은 생태계에서는 한 종이 사라져도 그 역할을 대신할 수 있는 다른 종이 있지만, 종 다양성이 낮은 생태계에서는 생물 한 종이 사라지면 다른 생물들에게도 문제가 생깁니다. 복잡하게 얽힌 거미줄의 줄이 하나만 끊어져도 전체 거미줄이 약해지는 것처럼, 종 다양성이 감소하면 전체 생태계도 위태로워지는 것입니다.

더 읽을 거리 2 바나나와 유전자 다양성

우리가 먹는 바나나 대부분은 캐번디시라는 한 종류의 바나나입니다. 심지어 같은 바나나 농장에서 길러진 바나나들은 유전자도 모두 같습니다. 그 이유는 씨앗으로 바나나를 번식시키는 것이 아니기 때문입니다. 땅속으로 자라는 바나나 줄기의 일부를 잘라 따로 심으면 이후 새로 심은 줄기에서 이전과 동일한 '쌍둥이 바나나'가 자라납니다. 현재 우리가 접하는 바나나가 모두 같은 유전자를 가졌기 때문에 병균이나 해충이 발생하면 모든 바나나가 피해를 입습니다.

도전! 활동하기

- 내가 알고 있는 생물의 이름 최대한 많이 적기
- 내가 알고 있는 생물의 이름으로 친구와 빙고 놀이 하기
- 내가 좋아하는 생물과 관련된 먹이 그물 그리기
- 국립생물자원관 '한반도의 생물다양성' 홈페이지에서 우리나라에 살고 있는 생물종 검색하기

환경의 달 6월

6월은 환경의 달입니다. 가장 유명한 환경 기념일인 '환경의 날'이 6월에 있지요. 그래서 학교를 포함해 지역 곳곳에서 크고 작은 환경 행사가 많이 열립니다.

이번 환경의 달에는 시야를 조금 더 넓혀, 평소 접하지 못하는 곳에도 관심을 기울여 보면 어떨까요? 그곳에서 일어나는 환경 문제들이 겉보기에는 우리 일상과 멀게 느껴질 수 있지만, 사실은 아주 밀접하게 연결되어 있다는 것을 알 수 있을 것입니다. 우리가 사용하는 자원, 소비하는 물건, 쓰고 버리는 플라스틱 하나도 결국 지구 어딘가의 환경에 영향을 미치고 있으니까요.

6/1	6/3	6/5
세계 산호초 인식의 날	세계 자전거의 날	환경의 날

6/6	6/8	
세계 녹색 지붕의 날*	세계 해양의 날	동물원 코끼리를 위한 세계 행동의 날

6/15	6/16	
세계 풍력의 날	세계 폭포의 날	세계 리필의 날

6/17		6/20
세계 사막화 방지의 날	세계 악어의 날	세계 난민의 날

6/21	6/29	
세계 기린의 날	세계 열대 지방의 날	

* 도심 속 건물의 옥상이나 지붕을 식물로 덮은 녹색 지붕의 가치를 기념하는 날.

산호초를 지켜야 해요

#생태계 #기후 위기 #자연 보전 #__________

색색의 다양한 산호는 '바다의 꽃'이라고 불릴 만큼 생김새가 식물처럼 보이지만, 알고 보면 동물입니다. 작은 동물인 산호충이 모여서 만들어진 것이거든요. 산호는 산호 속에서 살아가는 **미생물**의 일종인 조류와 **공생**합니다. 공생 조류는 산호가 내뱉는 이산화 탄소를, 산호는 공생 조류가 만든 영양분을 얻으며 함께 살아가지요.

산호초는 수많은 산호가 모여 형성된 거대한 **구조물**입니다. 모습이 마치 바닷속 **암초**와 같아 '산호초'라는 이름이 붙여졌습니다. 바다 생물들에게 먹이와 **은신처**를 제공하는 산호초는 바다 생태계에서 중요한 역할을 합니다. 산호초가 바다에서 차지하는 면적은 약 1퍼센트 미만밖에 안 되지만, 바다 생물의 약 4분의 1이 산호초 지역에 살고 있습니다.

안타깝게도 **방대**한 바다 생물의 **서식처**인 산호초는 현재 심각한 위협에 놓여 있습니다. 바다의 수온 상승으로 인한 백화 현상 때문입니다. 수온이 올라가면 공생 조류가 활성 산소를 내뿜는데, 이 활성 산소는 산호에게 스트레스로 작용해 공생 조류를 **방출**합니다. 공생 조류가 없는 산호는 영양분을 얻을 수 없어 죽게 되고, 산호의 뼈대를 이루던 하얀 석회질만 남게 됩니다.

산호에 대한 재미있는 사실

① 산호는 대부분 1년에 약 1~3센티미터밖에 자라지 않습니다.

② 산호초는 파도의 세기를 줄여 해변의 모래가 깎이지 않도록 지켜 줍니다.

③ 말랑말랑한 산호도 있습니다. 몸체가 단단한 산호를 '경산호', 유연한 산호를 '연산호'라고 부릅니다.

④ 산호는 인공 뼈나 약물 개발 등 의학적 연구에도 활용됩니다.

어휘가 쑥쑥

기사에 나온 단어들로 십자말풀이를 해 봅시다.

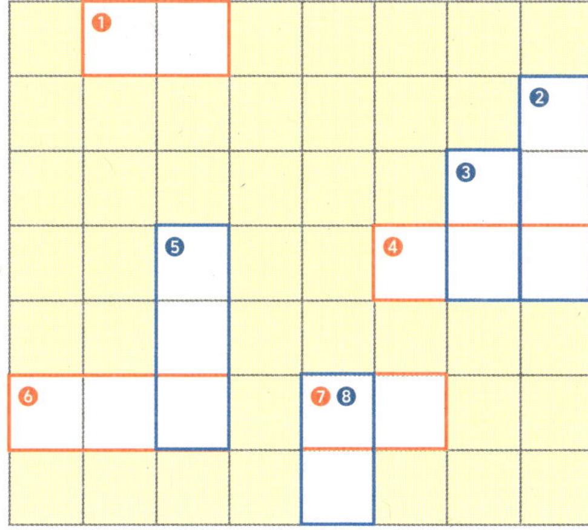

❶ 물속에 잠겨 보이지 않는 바위나 산호.

❷ 일정한 설계에 따라 여러 가지 재료를 얽어서 만든 물건.

❸ 서로 도우며 함께 삶.

❹ 눈으로는 볼 수 없는 아주 작은 생물.

❺ 동식물이 살고 있는 장소.

❻ 몸을 숨기는 곳.

❼ 안에서 밖으로 밀어 내보냄.

❽ 규모나 양이 매우 크고 많음.

생각이 쑥쑥

1. 산호초란 정확히 무엇인가요?
2. 많은 바다 생물이 산호초 지역에서 사는 이유는 무엇일까요?
3. 왜 전 세계 바다의 수온이 올라가고 있을까요?
4. 산호초가 멸종되면 바다 생태계는 어떻게 될까요?

기념일 배경

사람들은 산호초가 인간의 삶과 직접 관련 없다고 여기며 큰 관심을 두지 않기도 합니다. 이러한 무관심을 극복하기 위해 '세계 산호초 인식의 날'이 만들어졌습니다. 이날은 2019년, 미국의 한 화장품 회사가 주도한 홍보 활동에서 비롯되었습니다. 이 회사는 산호초에 해를 주지 않는 친환경 선크림을 개발했다고 광고하며, 이를 계기로 산호초 보호의 필요성을 알리는 국제적인 캠페인을 시작했습니다. 이러한 캠페인이 확장되어 '세계 산호초 인식의 날'이 탄생하게 되었습니다. 이날은 산호초의 소중함을 다시 일깨우고, 현재 처한 심각한 상황을 전 세계에 알리는 것을 목표로 합니다.

실제로 2023년에는 전 세계 산호초의 54퍼센트가 이미 백화 현상을 겪었습니다. 지금처럼 지구의 기온이 계속 오른다면 머지않아 세계 산호초의 99퍼센트가 사라질 것이라는 연구 결과도 있습니다. 더 큰 문제는 산호초가 한번 파괴되면 복구되는 데 수십 년에서 수백 년이 걸린다는 점입니다. 그렇기에 산호초를 보호하기 위한 인류의 적극적인 노력이 반드시 필요합니다.

타임라인

1770년	2010년	2016년	2021년
영국의 탐험가 제임스 쿡이 호주 해안에서 세계 최대 산호초인 '그레이트배리어리프'를 발견했습니다.	2010년 이후 산호초가 꾸준히 감소하고 있습니다.	산호초 '그레이트배리어리프'의 3분의 1이 파괴되었습니다.	하와이에서 산호에 해로운 성분이 들어간 선크림을 판매하거나 사용하지 못하게 하는 법을 만들었습니다.

더 읽을 거리 1 선크림이 산호초와 무슨 관계일까?

우리는 햇볕으로부터 피부를 보호하기 위해 자외선 차단제, 즉 선크림을 바릅니다. 바닷가에서 물놀이를 할 때는 강한 햇볕에 피부 화상을 입지 않도록 더욱 듬뿍 바르지요. 사람들이 바른 선크림에 포함된 '옥시벤존'과 '옥티녹세이트'라는 자외선 차단 성분은 산호에게 매우 해롭습니다. 이 성분은 산호의 성장을 방해할 뿐 아니라, 공생 조류를 방출하게 만듦으로써 백화 현상을 일으킵니다. 따라서 바다에서 물놀이 할 때는 이 같은 성분이 들어가지 않은 선크림을 사용해야 합니다.

더 읽을 거리 2 독도 바다의 산호

'유착나무돌산호'는 딘딘한 나무 모양의 주황색 산호로 우리나라의 멸종 위기 야생 생물로 지정되었습니다. 현재 멸종 위기에 처한 유착나무돌산호는 현재 독도 근처에서 가장 많이 서식하는 것이 발견되어 '독도 산호'라고도 불립니다. 유착나무돌산호는 일반적인 산호와는 다르게 공생 조류를 통해 영양분을 얻지 않고 스스로 먹이를 잡습니다.

▲ 유착나무돌산호

도전! 활동하기

- 다양한 종류의 산호를 검색해 다양하고 아름다운 산호의 모습 살펴보기
- 바닷속 산호의 모습을 담은 다큐멘터리 감상하기
- 산호초의 중요성을 알리는 소개 자료 만들기
- 내가 바르는 선크림이 산호초에게 안전한 성분인지 확인하기

모든 생명에게 중요한 환경

#환경 #생태계 #공동체 #___________

'환경'이라는 단어에서 어떤 모습이 떠오르나요? 아름다운 자연의 모습, 환경 문제로 인해 오염되고 파괴된 자연의 모습 또는 내 주변 공간의 모습이 떠오를 수도 있을 것입니다. 환경이라는 단어는 온갖 의미로 사용되기 때문에 다양한 장면이 떠오를 수 있습니다.

환경의 기본적인 의미는 생물을 둘러싸고 있는 모든 것, 즉 생물에게 영향을 주는 모든 **요소**나 상태를 말합니다. 물, 공기, 식물, 동물, 인간이 만든 도시나 건물 등이 모두 환경의 일부분이지요. 인간을 비롯한 모든 생물은 환경 속에서 살아가며, 환경이 건강하고 깨끗할 때 안전하고 행복하게 생활할 수 있습니다.

인간은 환경의 변화에 영향을 받으며 살아갑니다. 동시에 환경을 변화시키기도 하지요. 빠르고 편리한 삶을 **추구**하며 환경을 훼손하거나 오염시킵니다. 숲을 파괴하여 농지나 도시를 만들고 많은 공장을 지어 공기와 물을 오염시키지요. 화석 연료를 사용하는 자동차와 공장 등에서 배출된 이산화 탄소는 지구 온난화 현상을 일으키기도 합니다. 일회용 플라스틱을 쉽게 사용하고 버려 쓰레기 문제를 만들기도 하고요.

하지만 인간은 환경을 파괴하는 **존재**이기만 한 것은 아닙니다. 숲을 가꾸고, 강과 바다를 깨끗하게 하는 등 환경을 보호하고 복구하기도 합니다. 환경이 훼손되거나 오염되면 지구상의 동식물이 살아가기 어려워지고 결국 인간에게도 피해가 돌아오니까요. 환경은 인간만의 것이 아니라 모든 생명에게 소중한 터전임을 기억해야 합니다.

어휘가 쑥쑥

단어의 뜻을 살펴보고, 알맞은 한자를 골라 O로 표시해 봅시다.

1 어떠한 사물이 만들어지기 위해 꼭 필요한 성분 또는 조건.

요		소	
謠 노래 요	要 중요할 요	素 본디 소	小 작을 소

2 목적을 이룰 때까지 뒤좇아 구함.

추		구	
追 쫓을 추	秋 가을 추	求 구할 구	九 아홉 구

3 사람이나 사물이 실제로 현실에 있음.

존		재	
存 있을 존	尊 높을 존	在 있을 재	財 재물 재

생각이 쑥쑥

1 환경이란 무엇인가요?

2 환경의 날이 만들어진 이유는 무엇일까요?

3 인간은 환경에 어떤 영향을 미치나요? 긍정적인 영향과 부정적인 영향을 모두 찾아봅시다.

4 나에게 영향을 주는 환경 요소들을 최대한 많이 생각해 봅시다.

기념일 배경

우리나라에서 법정 기념일로 정해진 6월 5일 '환경의 날'은 세계 기념일인 '세계 환경의 날'이기도 합니다. 세계 환경의 날이 먼저 만들어진 뒤에, 우리나라도 이날을 환경의 날로 정했기 때문입니다. 세계 환경의 날은 환경 문제의 해결과 자연환경 보전을 위해 세계가 다 같이 노력할 것을 다짐하기 위해 만들어진 날입니다. 이날을 기념하기 위해 전 세계에서는 대륙별로 돌아가면서 기념식을 개최할 나라를 정합니다. 우리나라에서도 매년 환경의 날 주제를 정하고 주제와 관련된 다양한 행사를 진행하며 전 국민이 환경에 관심을 기울이고 환경 보호에 동참하도록 노력합니다.

타임라인

1972년	1996년	2025년
6월 5일 스웨덴 스톡홀름에서 열린 '유엔 인간 환경 회의'에서 세계 환경의 날이 만들어졌습니다.	우리나라도 세계 환경의 날에 맞춰 6월 5일을 환경의 날로 정했습니다.	우리나라 제주에서 제54회 '세계 환경의 날' 행사를 개최했습니다.

더 읽을 거리 1 유엔 인간 환경 회의

1972년에 열린 유엔 인간 환경 회의는 최초의 국제적인 환경 회의였습니다. 회의에서는 '오직 하나뿐인 지구'라는 표어 아래, 천연자원 보호와 해양 오염 방지 등 여러 환경 문제를 논의했습니다. 특히 '인간 환경 선언'을 통해 환경을 지키는 것이 인류의 권리이자 책임임을 강조했습니다. 이 회의는 이후 유엔 환경 계획(UNEP) 설립으로 이어지며 세계가 함께 환경을 보호하기 위해 협력하는 출발점이 되었습니다.

더 읽을 거리 2 환경 교육 주간

우리나라는 2022년부터 환경의 날을 포함한 일주일을 '환경 교육 주간'으로 정했습니다. 환경 교육 주간은 단순한 기념 행사가 아니라, '환경 교육의 활성화 및 지원에 관한 법률'에 따라 법으로 정해진 행사입니다.

환경 교육 주간에는 전국의 모든 학교에서 학생들에게 환경 교육을 필수적으로 실시합니다. 학생들은 환경 문제를 정확히 이해하고, 환경 보호를 실천하고자 하는 마음을 기를 수 있습니다. 수업에서는 기후 위기, 자원 절약, 쓰레기 줄이기 등 일상생활과 밀접한 주제를 다루며, 토론이나 체험 등을 통해 환경 문제를 자신의 삶과 연결해 생각해 볼 수 있습니다.

환경 교육을 학생들만 받을 수 있는 것은 아닙니다. 우리나라는 지역마다 환경 교육 센터가 있습니다. 환경 교육 센터에서는 해당 지역의 주민들에게 다양한 환경 교육 프로그램을 제공합니다. 이러한 프로그램은 어린이부터 어른까지 모든 연령을 대상으로 합니다. 환경 교육 주간은 환경에 대한 올바른 인식을 확산시키고 모두가 환경 보호에 적극적으로 참여하는 계기를 마련해 줍니다.

도전! 활동하기

- 환경의 날 기념행사 참여하기
- 환경의 날 홍보 포스터 만들기
- 우리 지역의 환경 교육 센터 확인하기
- 우리 지역의 환경 교육 센터에서 제공하는 환경 교육 프로그램 조사하기
- 우리 지역의 환경 교육 센터 방문하기
- 내가 할 수 있는 친환경 행동을 정해 일주일간 꾸준히 실천하기

사막이 계속 넓어진다면?

#생태계 #환경 문제 #국제 협약 #___________

사막은 1년에 비가 250밀리미터 이하로 내려 식물이 자라기 힘든 지역을 가리킵니다. 생물이 살기 어려운 매우 **척박**한 곳이지만, 사막 생태계에 적응한 특별한 식물과 동물들이 있습니다. 사막이라고 하면 흔히 모래사막만을 떠올리지만, 암석 사막과 자갈 사막, 바다나 호수가 말라붙어 생긴 소금 사막, 얼음으로 뒤덮인 **극지** 사막도 있습니다.

사막은 현재 지구 전체 육지 면적의 약 3분의 1을 차지하고 있습니다. 사막이 더 많아지면 어떻게 될까요? 본래 사막이 아니었던 땅이 점차 사막처럼 변해가는 현상을 '사막화'라고 합니다. 사막화는 아시아, 아프리카, 남아메리카 등 전 세계 여러 지역에서 일어나고 있습니다. 연구에 따르면, 현재 지구 육지 면적의 75퍼센트에서 사막화가 진행되고 있다고 합니다.

사막화가 나타나는 까닭은 인간의 활동과 기후 위기 때문입니다. 사람들이 나무를 많이 베거나 지나치게 농사를 짓고, 가축을 과도하게 기르면 땅이 황폐해집니다. 기후 위기로 일부 지역의 강수량이 줄어들거나 가뭄, 폭염이 발생하여 물이 부족해지면서 식물들이 자라기 어려운 환경이 되기도 하지요.

사막화가 심해지면 사람들이 가축을 기르거나 농사를 짓기 어려워져 식량이 부족해집니다. 야생 동식물도 살아가기 힘들어 생태계의 균형이 무너집니다. 사막화가 일어난 지역은 자연적으로 회복되기 어렵고 복구에도 수십 년 이상 걸립니다. 따라서 사막화 **방지**를 위해 전 세계가 힘을 모아 적극적으로 노력해야 합니다.

어휘가 쑥쑥

기사에 등장한 단어에 대한 설명을 살펴보고, 해당 단어를 찾아 색칠해 봅시다.

- 땅이 기름지지 못하고 몹시 메마름.
- 남극과 북극을 중심으로 한 그 주변 지역.
- 어떤 일이나 현상이 일어나지 못하게 막음.

락	노	토	생	두	처	조	이	허
손	당	불	더	익	곤	호	괄	조
해	지	척	박	산	진	주	바	힘
정	수	배	어	의	기	극	차	누
이	오	하	력	나	후	지	발	오
한	방	지	들	괴	애	누	왜	장
로	덕	더	슬	허	포	부	다	코

생각이 쑥쑥

1. 사막화란 무엇인가요?
2. 사막화는 왜 일어날까요?
3. 사막화가 일어나면 그곳에 살던 동물의 삶은 어떻게 변화할까요?
4. 사막화를 막기 위해 어떤 노력이 필요할까요?

기념일 배경

1970년대부터 사막화 문제의 심각성이 알려지기 시작했습니다. 사막화는 전 세계에서 일어나는 문제이기 때문에 사막화 방지에는 전 세계적인 노력과 약속이 필요합니다. 사막화 방지를 위한 여러 회의가 열린 끝에 1994년 6월 17일에 프랑스 파리에서 '사막화 방지 협약'이 만들어졌습니다. 사막화 방지 협약이란 전 세계적으로 사막화를 예방하고 이미 사막화가 이루어진 곳을 복구하기 위해 구체적인 방법을 만들고 여러 나라가 협력하기로 한 국제 협약입니다. '세계 사막화 방지의 날'은 사막화 방지 협약이 만들어진 날을 기념하기 위한 날로, 사막화 방지 협약의 채택일인 6월 17일로 정했습니다.

큰 사막이 없는 우리나라에는 심각한 사막화가 일어나지 않았지만, 유엔 사막화 방지 협약에 가입하여 세계의 사막화를 막기 위해 협력하고 있습니다. 사막화로 인한 피해는 해당 국가뿐만 아니라 주변 국가와 전 세계가 함께 받기 때문입니다. 특히 몽골의 사막화는 우리나라에 직접적인 영향을 미칩니다. 몽골 사막의 작고 가벼운 모래가 강한 바람을 타고 우리나라로 날아와 황사를 일으키니까요. 우리나라 정부를 비롯해 다양한 기업과 시민 단체는 몽골의 사막화 방지를 위해 사막에 나무를 심는 일에 동참하고 있습니다.

타임라인

1977년	1994년	1995년
케냐 나이로비에서 사막화 방지 방법을 고민하는 국제회의가 열렸습니다.	사막화를 방지하기 위한 국제 협약인 '유엔 사막화 방지 협약'이 만들어졌습니다.	제1회 세계 사막화 방지의 날이 기념되었습니다.

더 읽을 거리 1 지구에서 가장 넓은 사막

지구에서 가장 넓은 사막은 극지 사막인 남극 사막입니다. 남극 사막은 너무 춥기 때문에 공기 중의 수분까지 금방 얼어 매우 건조합니다. 남극 사막에는 200만 년 동안이나 비가 내리지 않은 지역도 있습니다. 극지 사막을 제외하고 가장 넓은 사막은 아프리카 대륙의 사하라 사막입니다. 사하라 사막의 면적은 약 940만 제곱킬로미터로 한반도 면적의 약 40배나 됩니다. 사하라 사막은 대부분 암석 사막이며 나머지는 모래사막으로 이루어져 있습니다.

더 읽을 거리 2 사막화와 기후 위기의 악순환

사막화와 기후 위기는 서로를 악화시키는 악순환 관계에 있습니다. 사막화가 진행되면 이산화 탄소를 흡수하는 식물이 자라지 못해 대기 중에 온실가스가 많아지고 사막에서 햇빛을 더 많이 반사하게 되어 지구의 온도가 올라 기후 위기가 심해집니다. 심각해진 기후 위기로 기후가 극단적으로 변하면서 사막화가 일어나기도 합니다. 따라서 사막화 방지를 위해 기후 위기가 심각해지지 않도록, 기후 위기가 심각해지는 것을 막기 위해 사막화를 방지하도록 함께 노력해야 합니다.

도전! 활동하기

- 세계의 유명한 사막 조사하기
- 사막에서 사는 삶을 상상하여 일기 쓰기
- 나무 그늘에서 쉬며, 나무의 소중함 느끼기
- 산림청에서 주관하는 세계 사막화 방지의 날 행사 참여하기
- 사막화 방지를 위해 노력하는 시민 단체 후원하기

환경 문제로 떠나야 하는 사람들

#기후 위기 #환경 문제 #환경 정의 #__________

만약 우리가 강제로 다른 지역 또는 나라로 떠나야 한다면 어떤 기분이 들까요? 정든 곳을 떠나 새로운 곳에 **정착**해야 해서 슬프고 긴장될 것입니다. 낯선 곳에서는 생활 방식이 달라 힘들 수도 있지요. 그래도 안전을 지키기 위해서는 떠나야만 할 때가 있습니다.

안전과 생존을 위협하는 전쟁, 극심한 가난, 자연재해, 환경 오염 등으로 고향을 떠날 수밖에 없는 사람들을 모두 '난민'이라고 합니다. 예전에는 난민이라고 하면 주로 전쟁 때문에 고향을 떠난 사람들이었지만, 최근에는 환경 문제로 고향을 떠나는 사람들이 더 많아지고 있습니다. 기후 위기로 인한 난민을 '기후 난민', 기후 위기를 포함해 다양한 환경 문제로 인한 난민을 '환경 난민' 혹은 '생태학적 난민'이라고 합니다.

사막화로 농사나 목축이 어려워지면 그곳에 살던 사람들은 **생계** 유지를 위해 다른 곳으로 떠나야 합니다. 또, 해수면 상승으로 섬이나 바닷가 지역이 바닷물에 잠겨 살 곳이 없어지기도 합니다. 기후 위기로 자연재해가 자주 발생하고 피해가 큰 곳도 살기 어렵습니다.

고향을 떠나야만 하는 난민은 어디로 갈까요? 같은 나라 안에서 다른 지역으로 **이주**하기도 하지만, 다른 나라로 떠나기도 합니다. 이때 다른 나라에서 난민을 받아 주지 않으려고 해 갈등이 생기기도 합니다. 그러나 기후 변화를 비롯한 여러 환경 문제는 전 세계 모든 이에게 책임이 있는 만큼 환경 난민을 외면해서는 안 됩니다.

어휘가 쑥쑥

다음 암호표를 보고 알맞은 영어 단어를 찾아봅시다.

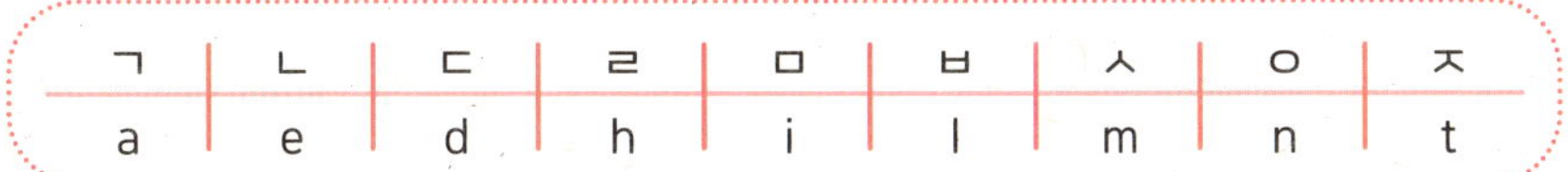

ㄱ	ㄴ	ㄷ	ㄹ	ㅁ	ㅂ	ㅅ	ㅇ	ㅈ
a	e	d	h	i	l	m	n	t

① **정착:** 일정한 곳에 자리를 잡아 붙박이로 있거나 머물러 삶.

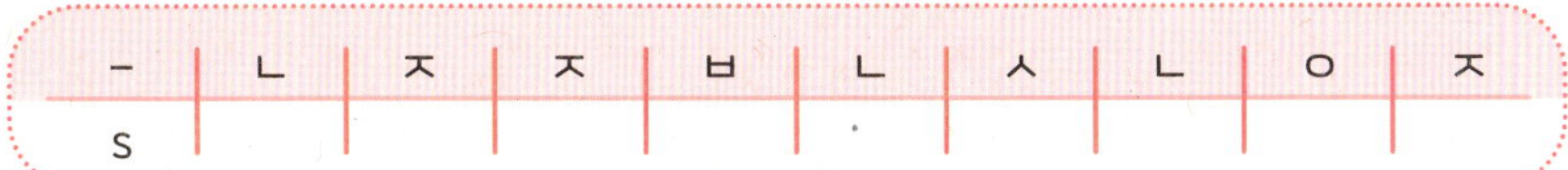

ㅡ	ㄴ	ㅈ	ㅈ	ㅂ	ㄴ	ㅅ	ㄴ	ㅇ	ㅈ
s									

② **생계:** 삶을 살아 나갈 수 있는 방법.

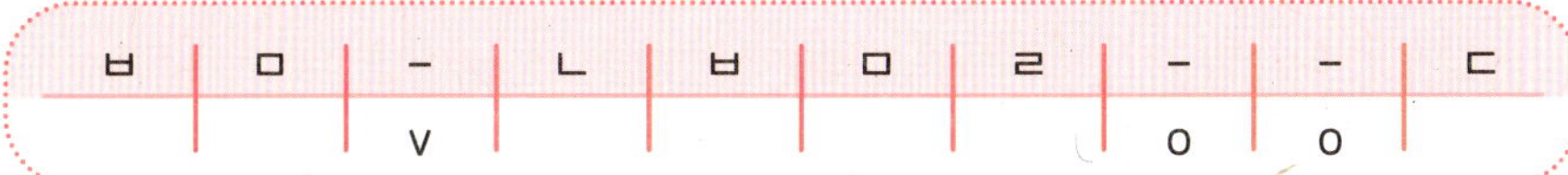

ㅂ	ㅁ	ㅡ	ㄴ	ㅂ	ㅁ	ㄹ	ㅡ	ㅡ	ㄷ
		v					o	o	

③ **이주:** 본래 살던 지역에서 다른 지역으로 이동하여 정착함.

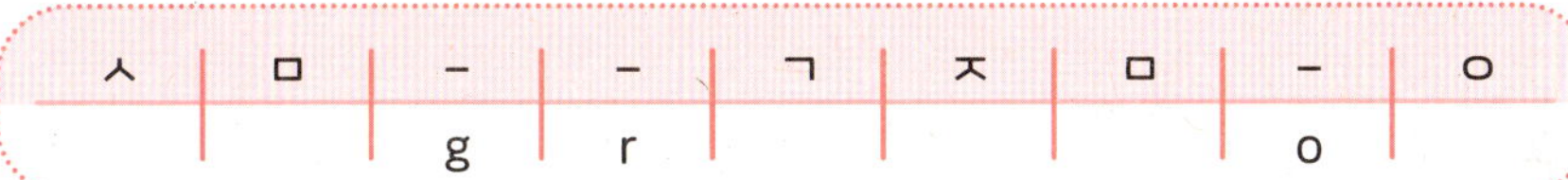

ㅅ	ㅁ	ㅡ	ㅡ	ㄱ	ㅈ	ㅁ	ㅡ	ㅇ
		g	r				o	

생각이 쑥쑥

① 환경 난민(생태학적 난민)은 어떤 사람을 의미할까요?

② 다른 나라에서 난민을 받아들이지 않으려는 이유는 무엇일까요?

③ 환경 문제로 고향을 떠나는 난민의 마음은 어떠할까요? 그 이유는 무엇일까요?

④ 환경 문제로 인한 난민 문제 해결을 위해 함께 노력해야 하는 이유는 무엇인가요?

기념일 배경

매년 6월 20일에 기념되는 '세계 난민의 날'은 난민 문제에 대해 사람들의 관심을 불러일으키기 위한 날입니다. 세계 난민의 날에는 난민 보호의 중요성을 강조하고 난민들이 겪은 어려움과 고통에 대한 이해와 공감을 높이기 위해 다양한 행사가 열립니다. 매년 6월 20일은 1975년부터 아프리카 국가들에 의해 '아프리카 난민의 날'로 기념되었으나, 2001년부터는 더욱 많은 난민을 보호하고 전 세계적인 참여를 유도하기 위해 '세계 난민의 날'로 확장되었습니다.

타임라인

1950년	1951년	2001년
난민을 보호하기 위한 단체인 '유엔 난민 기구(UNHCR)'가 만들어졌습니다.	난민의 기본적인 인권 보호를 위한 국제 협약인 '난민 협약'이 만들어졌습니다.	제1회 세계 난민의 날이 기념되었습니다.

더 읽을 거리 1 기후 위기로 전쟁이 늘어난다고?

기후 위기는 가뭄, 홍수 등 자연재해를 더 자주 일으켜 농작물과 가축을 기르기 어렵게 만듭니다. 식량이 부족해지고 경제가 안 좋아지면 적은 자원을 차지하기 위해 사람들 사이에서 갈등과 싸움이 일어날 수 있습니다. 또한, 기후 위기로 환경 난민이 다른 나라로 이주하면서 기존의 사람들과 갈등을 겪을 수 있습니다. 이러한 갈등이 심해지면 전쟁으로도 이어질 수 있지요. 즉, 기후 위기는 기후 난민, 환경 난민뿐만 아니라 전쟁 난민도 늘어나게 만드는 원인이 됩니다.

더 읽을 거리 2 바닷속에 잠기고 있는 나라, 투발루

태평양에 있는 작지만 아름다운 섬나라, 투발루는 지구 온난화로 해수면이 상승하며 국토가 조금씩 바닷속으로 잠기고 있습니다. 투발루는 땅의 높이가 평균 2미터 정도로 낮은 나라라서 바닷물이 조금만 높아져도 쉽게 잠기기 때문이지요. 섬 9개 중 2개는 이미 바닷속에 잠긴 상태입니다. 전문가들은 2060년쯤이 되면 투발루의 땅 대부분이 물속에 잠길 수 있다고 예측합니다. 투발루 국민은 생존을 위해 투발루를 떠날 수밖에 없습니다.

다행히 주변 국가인 호주에서 투발루 인구의 2.5퍼센트에 해당하는 280명씩을 매년 호주 국민으로 받아들이기로 했습니다. 우리나라 역시 멀리 떨어져 있는 작은 섬나라 투발루의 상황을 외면하지 않고 있습니다. 한국 정부는 기후 위기로 어려움에 놓인 투발루를 위해 여러 가지 지원을 하고 있습니다. 어촌을 가꾸는 시설을 세우고 태양광 같은 재생 에너지 사용을 돕고 필요한 물자도 보내 줍니다. 투발루 정부와 힘을 모아 주민들이 더 잘 살아갈 수 있는 방법을 함께 찾아가고 있습니다. 이렇게 돕는 이유는 기후 위기가 결코 투발루만의 잘못이 아니기 때문입니다. 기후 난민 문제는 한 나라의 힘만으로는 해결할 수 없기에 국제 사회가 함께 협력해야 합니다.

도전! 활동하기

- 환경 난민의 이야기를 다룬 그림책 읽기
- 환경 난민이 처한 어려움을 알리는 홍보 자료 만들기
- 환경 난민을 받아들이기 거부하는 사람들을 설득하는 편지 쓰기
- 내가 환경 난민이 되었다고 상상하여 고향을 떠나는 날의 일기 쓰기
- 유엔 난민 기구 후원하기

야생 동물 보호의 달 7월

만약 야생 동물을 본 적이 있다면 언제 어디에서 보았는지 떠올려 보세요. 비교적 자주 마주치게 되는 비둘기나 고양이처럼 일부 야생 동물은 사람들 가까이에서 살아가지만, 대부분의 야생 동물은 사람들의 눈을 피해 살아가고 있습니다. 그러나 눈에 잘 띄지 않는다고 해서 인간과 무관하게 살아가는 것은 아닙니다. 야생 동물의 서식지는 인간의 개발 때문에 줄어들고 도로와 건물은 그들의 이동을 가로막곤 합니다. 인간의 활동이 생각보다 야생 동물의 삶에 깊숙이 영향을 미치고 있는 것이지요. 야생 동물의 날이 유독 많은 7월, 그동안 깊게 생각해 보지 않은 야생 동물에 대해 고민해 보는 건 어떨까요?

- 7/3 세계 일회용 비닐봉지 없는 날
- 7/6 세계 인수 공통 감염병의 날
- 7/10 (영국) 벌을 밟지 않는 날
- 7/11 세계 인구의 날
- 7/12 세계 종이봉투의 날
- (미국) 벌레에게 친절한 날
- 7/14
  - 상어 인식의 날
  - 세계 침팬지의 날
  - 세계 범고래의 날
- 7/16 세계 뱀의 날
- 7/26 세계 맹그로브 생태계 보존의 날
- 7/28 세계 자연 보호의 날
- 7/29 세계 호랑이의 날
- 7/31 (미국) 믹스견의 날

환경을 위협하는 일회용 플라스틱

#친환경 행동 #쓰레기 #생태계 #___________

플라스틱은 19세기 후반에 발명된 **혁신**적인 물질입니다. 발명 당시에는 코끼리 상아나 거북 등딱지 같은 천연 재료의 대체재로 동물 보호에 도움이 되었지요. 가볍고 튼튼하며 다양한 모양으로 쉽게 제작할 수 있어 오늘날까지 다양한 물건의 재료로 사랑받아 왔습니다. 그러나 시간이 지나며 플라스틱 쓰레기들이 수백 년 동안 썩지 않고 지구를 뒤덮는다는 새로운 문제가 **초래**되었습니다. 튼튼하다는 장점이 단점이 된 것입니다.

특히 한 번 쓰고 버리도록 만들어진 일회용 플라스틱은 쓰레기 문제를 매우 심각하게 만듭니다. 간편한 사용 이후 환경에 미치는 영향을 깊게 고민해 보아야 합니다.

'세계 일회용 비닐봉지 없는 날'은 이러한 문제를 **성찰**하고 일회용 비닐봉지를 최대한 사용하지 않도록 **촉구**하는 날입니다. 장바구니나 재사용 가능한 용기를 미리 준비하는 작은 노력만으로 일회용 비닐봉지의 사용을 크게 줄일 수 있습니다.

일회용 비닐봉지가 환경에 미치는 영향

① 버려진 비닐봉지를 소각할 때 건강에 해로운 대기 오염 물질이 배출됩니다.

② 비닐봉지를 땅에 묻으면 산소 공급이 어려워져 토양 오염이 발생합니다.

③ 빗물이 빠져나가는 배수구를 막아 홍수가 일어날 수 있습니다.

④ 야생 동물이 비닐봉지에 몸이 끼이거나, 비닐봉지를 먹이로 착각하여 먹을 수 있습니다.

⑤ 비닐봉지가 잘게 쪼개져 미세 플라스틱이 되고 음식물과 함께 인간이 먹을 위험이 있습니다.

어휘가 쏙쏙

기사에 나온 단어와 단어의 뜻을 알맞게 짝지어 봅시다.

혁신	급하게 재촉하여 요구함.
초래	일의 결과로서 어떤 현상을 생겨나게 함.
성찰	낡은 것을 바꾸거나 고쳐서 아주 새롭게 함.
촉구	자기의 마음을 반성하고 살핌.

생각이 쏙쏙

1. 플라스틱 발명으로 인한 좋은 점과 문제점은 무엇인가요?
2. 일회용 비닐봉지 쓰레기는 환경에 어떤 영향을 미치나요?
3. 나는 평소에 어떤 상황에서 일회용 비닐봉지를 많이 사용하나요? 그 이유는 무엇인가요?
4. 일회용 비닐봉지 사용을 줄이기 위한 방법에는 어떤 것들이 있나요?

기념일 배경

'세계 일회용 비닐봉지 없는 날'은 2008년 스페인의 환경 운동 단체가 제안하여 만들어졌습니다. 이날은 일회용 비닐봉지가 환경에 미치는 심각한 영향을 널리 알리고 일회용 비닐봉지 사용을 줄여, 자연을 보호하고 인간과 동물이 공존할 수 있는 환경을 만드는 것을 목표로 합니다. 2009년부터 매년 7월 3일에는 전 세계적으로 일회용 비닐봉지를 사용하지 않는 의미 있는 하루를 보낼 수 있도록 다양한 행사와 캠페인이 진행됩니다. 1년 중 하루만 실천하는 데서 그치지 않고 이후에도 일상 속에서 비닐봉지 사용을 줄여 나가기를 기대합니다.

일회용 비닐봉지 문제를 해결하기 위해서는 개인의 실천뿐만 아니라 나라의 정책도 중요합니다. 우리나라는 2019년부터 대형 마트와 슈퍼마켓에서 비닐봉지 제공을 금지하고 재사용할 수 있는 장바구니나 종이봉투를 판매하고 있습니다. 2022년부터는 편의점이나 제과점 등의 작은 점포에서도 비닐봉지를 제공하지 못하게 하고 있습니다. 또한 비닐봉지 형태의 재사용 종량제 봉투를 도입하여 장을 보고 난 뒤에는 일반 쓰레기봉투로 재사용할 수 있도록 유도하고 있지요. 우리나라뿐만 아니라 현재 100개국 이상에서 비닐봉지 사용을 줄이기 위한 정책을 시행하고 있습니다.

타임라인

19세기 후반	1959년	1980~1990년대	2002년
최초의 플라스틱이 발명되었습니다.	스웨덴 공학자 스텐 구스타프 툴린이 플라스틱으로 만든 비닐봉지가 발명되었습니다.	일회용 비닐봉지의 사용이 폭발적으로 증가했습니다.	방글라데시가 최초로 일회용 비닐봉지의 사용을 금지했습니다.

더 읽을 거리 1 우리나라의 일회용 비닐봉지 사용량

우리나라는 일회용 비닐봉지의 사용량이 많은 나라 중 하나입니다. 우리나라에서만 매년 약 200억 개의 일회용 비닐봉지가 사용되지요. 우리나라 국민 1인당 1년에 약 420장, 하루에 1~2개의 비닐봉지를 사용하는 셈입니다. 특히 음식 포장이나 배달 문화가 발달하면서 비닐봉지의 소비가 더욱 증가하고 있습니다. 평균적으로 일회용 비닐봉지를 사용하는 시간은 약 25분에 불과하지만, 비닐봉지가 썩는 데는 짧게는 20년에서 길게는 1,000년이 걸립니다.

더 읽을 거리 2 재활용보다 더 중요한 것

일부 사람들은 일회용 플라스틱을 재활용할 수 있으니까 사용해도 괜찮다고 여깁니다. 우리가 플라스틱을 분리 배출하더라도 실제로는 재활용되지 못하는 경우가 많습니다. 음식물 등에 오염되거나 여러 재질이 섞인 플라스틱은 재활용되기 어렵기 때문입니다. 게다가 재활용 과정에서 많은 에너지와 비용이 들 뿐만 아니라, 지구 온난화를 일으키는 온실가스도 발생합니다. 따라서 무엇보다 중요한 것은 처음부터 일회용 플라스틱의 사용을 줄이는 것입니다.

도전! 활동하기

- 주변 사람들에게 세계 일회용 비닐봉지 없는 날에 대해 알리기
- 우리 집에 있는 물건 중에서 일회용 비닐봉지 대신 사용할 수 있는 것 찾기
- 집에 있는 장바구니를 꾸며 나만의 장바구니 만들기
- 가족과 함께 일회용 비닐봉지 없이 장 보기
- 일회용 비닐봉지를 하루 동안 사용하지 않고 느낀 점 쓰기

모두 함께 건강하려면

#생태계 #서식지 보호 #공존 #__________

바이러스나 세균, 기생충 등을 원인으로 발생하는 질병이 다른 사람에게 **전파**되는 것을 '감염병'이라고 합니다. 이 같은 질병이 동물에게서 사람으로도 전파될 수 있을까요? 그럴 수 있습니다. 이 같은 질병을 '인수 공통 감염병'이라고 하지요. 감염병 예방을 위해 백신을 접종하듯이, 인수 공통 감염병도 막을 수 있습니다. 그 방법을 '생태 백신'이라고 부르기도 합니다.

생태 백신을 실현하려면 어떻게 해야 할까요? 생태계를 건강하게 유지하고 사람과 동물이 적당한 거리를 유지해야 합니다. 질병이 사람에게 옮겨 올 가능성을 줄이는 것이지요. 하지만, 생태 백신의 **원리**와는 반대로 사람과 야생 동물의 접촉은 꾸준히 늘어나고 있습니다. 사람들이 자연을 개발하며 야생 동물의 서식지를 파괴하고, 야생 동물들이 생존을 위해 사람 사는 곳으로 내려오고 있기 때문입니다. 기후 위기로 기존의 서식지 환경이 달라져 마을과 가까운 곳으로 이동하기도 합니다. 밀렵으로 잡은 희귀 야생 동물이 시장에서 비위생적으로 거래되면서 새로운 감염병의 발생 위험도 점점 커지고 있습니다.

현대 사회는 지역 간, 국가 간 이동이 활발합니다. 인수 공통 감염병이 더욱 빠르고 **광범위**하게 전파될 가능성이 있는 것이지요. 특정 동물이 감염병으로 피해를 입게 되면 생태계의 균형이 깨져 다른 동물이나 사람들도 **연쇄**적으로 피해를 입습니다. 사람과 동물, 생태계의 건강은 서로 연결되어 있습니다. 인수 공통 전염병의 원인과 심각성에 관심을 갖고 예방에 힘쓰는 것이 모두의 건강을 지키는 길입니다.

어휘가 쏙쏙

단어의 뜻을 살펴보고, 주어진 자음과 모음을 조합해 단어를 만들어 봅시다.

① 전하여 널리 퍼뜨림.

② 현상이나 사실을 이해할 수 있게 해 주는 기본 법칙.

③ 범위가 넓음.

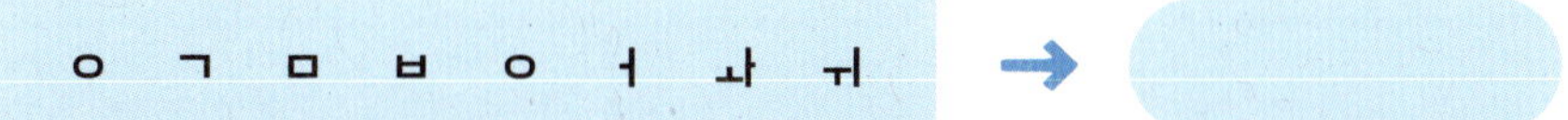

④ 사물이나 현상이 사슬처럼 서로 이어져 통일체를 이룸.

생각이 쏙쏙

① 인수 공통 감염병이란 무엇인가요?

② 인수 공통 감염병은 왜 점차 더 많이 발생하고 있나요?

③ 인수 공통 감염병의 예방 방법에는 어떤 것들이 있을까요?

④ 사람과 야생 동물 사이의 적당한 거리란 어느 정도일까요?

기념일 배경

세계 인수 공통 감염병의 날짜는 프랑스 과학자 루이 파스퇴르가 1885년 7월 6일, 광견병에 물린 소년에게 세계 최초로 백신 접종을 성공시킨 일을 기념하여 정했습니다.

당시에는 의학 지식도 부족하고 연구 도구도 지금처럼 발달하지 않아서 백신을 만드는 일이 매우 어려웠습니다. 그럼에도 파스퇴르의 연구는 인류가 감염병을 막아 낼 수 있다는 희망을 보여 주었지요. 오늘날에도 새로운 백신을 만들기 위해서는 많은 연구와 긴 시간이 필요합니다. 새롭게 나타나는 인수 공통 감염병은 백신이 준비되기 전까지는 감염을 막기가 어려우므로, 새로운 감염병이 나타나지 않도록 예방과 대비가 무엇보다 중요합니다.

매년 7월 6일, '세계 인수 공통 감염병'의 날에는 이런 사실을 되새기며 감염병의 위험성과 예방의 필요성을 널리 알리고 있습니다. 이날은 사람과 동물, 생태계의 건강이 서로 밀접하게 연결되어 있다는 점을 다시 한번 강조하지요. 모두가 건강하게 살아가기 위해 개인이 위생과 예방 수칙을 지키는 것은 물론, 사회 전체가 함께 협력하여 생태계를 보호하고 동물과의 적당한 거리를 유지하려는 노력이 필요합니다.

타임라인

1876년	1976년	2009년
탄저병이 동물에게서 사람에게 전파되었다는 것이 밝혀졌습니다. 탄저병은 최초로 확인된 인수 공통 감염병입니다.	과일박쥐에서 사람에게로 에볼라 바이러스가 전파되어 대규모 감염이 발생했습니다.	돼지에서 독감 바이러스가 섞인 변종이 탄생하여 사람에게로 전파되어 신종플루 팬데믹이 선언되었습니다.

더 읽을 거리 1 광견병과 백신

광견병은 매년 전 세계에서 수만 명의 생명을 앗아가는 치명적인 바이러스성 감염병입니다. 감염된 동물이 물을 무서워하는 모습을 보여 '물에 공포를 느끼는 병'이라는 뜻으로 '공수병(恐水病)'이라고도 불리지요. 미친 듯이 날뛰는 행동 때문에 '광견병'이라고 불리기도 하고요. 이 바이러스는 증상이 나타난 뒤의 사망률이 100퍼센트에 가깝습니다. 뇌 손상을 일으키기 때문이지요. 하지만 다행히 백신으로 예방이 가능합니다. 미리 예방 접종을 받는 것이 가장 좋지만, 감염된 동물에게 물리더라도 증상이 나타나기 전에 백신을 맞으면 감염을 예방할 수 있습니다.

더 읽을 거리 2 대표적인 인수 공통 감염병

광견병, 조류 독감, 사스 등은 대표적인 인수 공통 감염병입니다. 광견병은 바이러스에 감염된 동물에게 물리면 전파되며, 조류 독감은 감염된 상태인 새와의 접촉을 통해 퍼집니다. 사스는 박쥐에서 시작해 사향고양이를 거쳐 사람에게 옮겨 간 것으로 알려져 있습니다. 이외에도 현재까지 약 250종의 인수 공통 감염병이 확인되었습니다. 최근 새롭게 발생하는 감염병의 75퍼센트 이상이 인수 공통 감염병입니다.

도전! 활동하기

- 야생 동물을 발견해도 만지지 않기
- 사람, 동물, 환경이 함께 건강한 모습을 그림으로 표현하기
- 인수 공통 감염병에 대한 퀴즈 만들어 주위 친구들과 풀어 보기
- 기후 변화로 인수 공통 감염병이 증가하는 과정을 이야기로 만들기
- 인수 공통 감염병 사례 조사하기

바다 생태계를 지키는 상어

#동물 #생태계 #생명 윤리 #__________

상어를 생각하면 어떤 모습이 가장 먼저 떠오르나요? 사람들은 보통 날카로운 이빨을 가진 백상아리를 떠올리지만, 전 세계에는 약 500종 이상의 다양한 상어가 존재합니다. 손바닥만큼 작은 난쟁이투명상어에서부터 최대 10미터까지 자라는 거대한 고래상어까지, 각기 다른 특성과 역할을 가진 상어들이 바다의 다양한 서식지에서 살아가지요.

상어는 바다 생태계에서 최상위 **포식자**로서, 사냥으로 바다 생태계의 균형을 유지하는 중요한 역할을 합니다. 예를 들어, 상어는 바다거북을 사냥해 **개체** 수가 지나치게 많아지지 않도록 조절합니다. 만약 바다거북의 개체 수가 지나치게 많아지면 어떤 일이 벌어질까요? 바다거북의 먹이인 해초가 급격히 줄어들면서 해초를 먹이로 하는 다른 생물들의 생존이 어려워지고 바다 생태계 전체의 균형이 무너질 것입니다. 따라서 상어가 건강하게 살아가는 지역은 균형 잡힌 바다 생태계라는 신호이기도 합니다.

지난 50년 동안 상어는 인간 때문에 개체 수가 70퍼센트 이상 감소했습니다. 샥스핀이라고도 불리는 상어 지느러미를 얻기 위한 무분별한 **남획**과 어업 활동 중의 혼획 때문입니다. 혼획이란 특정 물고기를 잡으려는 과정에서 의도치 않게 다른 해양 생물이 그물에 함께 걸리는 것입니다. 상어는 혼획으로 심각한 피해를 입는 대표적인 생물입니다. 게다가 상어가 위험하다는 잘못된 인식은 상어의 남획과 혼획을 정당화할 뿐만 아니라 해안 근처에서 상어를 불필요하게 죽이는 일까지 발생하게 만듭니다.

어휘가 쑥쑥

기사에 나온 단어의 뜻과 예문을 살펴보고, 그 단어를 사용해 간단한 문장을 만들어 봅시다.

① **포식자(捕 사로잡을 포, 食 먹을 식, 者 놈 자)**

• 다른 동물을 먹이로 하는 동물.

예문) 늑대는 숲 생태계에서 중요한 포식자이다.

② **개체(個 낱 개, 體 몸 체)**

• 하나의 독립된 생물체.

예문) 강의 수질 오염으로 인해 민물고기의 개체 수가 크게 감소했다.

③ **남획(濫 넘칠 남, 獲 얻을 획)**

• 짐승이나 물고기 등을 마구 잡음.

예문) 무분별한 남획으로 멸종 위기에 처한 야생 동물이 많아지고 있다.

생각이 쑥쑥

① 상어는 바다 생태계에서 어떤 역할을 하나요?

② 상어 개체 수가 크게 감소한 이유는 무엇인가요?

③ 바다에서 상어가 사라지면 어떤 일들이 일어날까요?

④ 상어를 보호하기 위한 방법에는 어떤 것들이 있을까요?

기념일 배경

'상어 인식의 날'을 언제, 누가 만들었는지 정확한 기록은 없습니다. 다만 환경 단체들과 바다 보호 단체들이 중심이 되어 만들어진 것으로 알려졌지요. 이날은 상어에 대한 사람들의 잘못된 인식을 바로잡고, 상어가 바다 생태계에서 얼마나 중요한 역할을 하는지 알리기 위해 만들어졌습니다. 현재 상어가 처한 심각한 위협 상황을 알리면서, 사람들이 상어에 관심을 갖고 멸종 위기에 처한 상어 보호를 위해 행동하도록 촉구합니다.

타임라인

4억 년 전	1975년	1999년
상어는 지구상에서 가장 오래된 생물 중 하나입니다. 공룡보다도 먼저 지구에 등장했습니다.	영화 「죠스」가 개봉하며 상어가 위험한 동물로 사람들에게 인식되기 시작했습니다.	고래상어가 멸종 위기종으로 지정되었습니다. 이후 다양한 상어 종이 멸종위기종으로 추가 지정되고 있습니다.

더 읽을 거리 1 생태계의 균형을 결정하는 핵심종

핵심종은 생태계의 균형을 좌우하는 특별한 종으로 수가 많지 않아도 다른 생물에 큰 영향을 미칩니다. 핵심종이 줄어들면 연쇄적으로 다양한 생물이 영향을 받아 생태계 전체가 무너지기도 합니다. 상어는 바다 생태계를 건강하게 유지하도록 해 주는 대표적인 핵심종입니다. 초식 동물의 개체 수를 조절해 초원의 균형을 유지하는 늑대, 배설물을 통해 다양한 식물의 씨앗을 퍼뜨리는 코끼리, 댐을 만들어 물길을 막거나 습지를 형성해 다른 동물이 살아가도록 해 주는 비버 등이 핵심종이지요.

더 읽을 거리 2 샥스핀을 위해 희생되는 상어

상어는 흔히 사납고 위험한 동물로 인식되지만, 실제로 상어가 사람을 의도적으로 공격하는 경우는 매우 드뭅니다. 상어에 의해 사망하는 사람은 매년 10명 내외로 번개에 맞아 사망할 확률보다도 낮습니다. 반면, 인간은 매년 약 1억 마리 이상을 잡아들이며 상어의 생존을 위협하고 있습니다. 주된 이유는 상어의 지느러미, 즉 샥스핀을 얻기 위해서입니다.

고급 요리의 재료로 쓰이는 샥스핀을 얻는 방식은 매우 잔인합니다. 인간은 잡힌 상어의 지느러미만 자르고 산 채로 다시 바다에 버리지요. 상어는 지느러미가 없어 움직이지 못하는 상태로 천천히 죽어갑니다. 매년 약 1억 마리의 상어가 샥스핀을 위해 희생되고 있습니다. 샥스핀 채취는 상어뿐만 아니라 바다 생태계의 균형을 무너뜨리는 심각한 문제로 전 세계적으로 규제가 강화되고 있습니다.

도전! 활동하기

- 다양한 상어의 종류 알아보기
- 우리나라 바다에 서식하는 상어 조사하기
- 사람들의 오해로 피해를 입은 상어에게 편지 쓰기
- 상어 인식의 날 홍보 문구 만들기
- 상어가 주인공인 동화 만들기

바다와 육지를 잇는 생명의 숲

#생태계 #기후 위기 #__________

맹그로브 나무를 알고 있나요? 맹그로브는 바다와 연결되는 강의 진흙 바닥에서 자라는 나무입니다. 뿌리가 물 밖으로 드러난 독특한 모습을 하고 있지요. 키가 3미터 정도 되는 작은 나무부터 수십 미터에 이르는 키가 큰 나무까지 다양한 크기의 약 100여 종의 맹그로브가 있습니다.

이런 나무들로 이루어진 맹그로브 숲은 육지와 바다가 만나는 **경계**에서 볼 수 있는 독특한 생태계입니다. 주로 열대 및 아열대 지역의 강 하구와 바닷가에 분포합니다. 동남아시아, 아프리카, 오세아니아, 남아메리카, 태평양 인근 섬들에서 찾아볼 수 있지요. 맹그로브 숲은 수많은 생물의 서식지가 되어 하나의 생태계를 이룹니다. 게, 새우, 다양한 물고기 등 많은 생물 종이 맹그로브 숲에 의존하며 살아가지요. 자바코뿔소와 세발가락나무늘보, 벵골호랑이와 코주부원숭이 등 다양한 멸종 위기종들도 맹그로브 숲에 삽니다. 또한, 맹그로브 숲은 태풍과 해일 같은 자연재해로부터 해안 지역을 보호해 주며, 엄청난 양의 이산화 탄소를 흡수할 수 있어 지구 온난화를 막는 데도 **기여**합니다.

이런 소중한 맹그로브 숲은 지금 심각한 위협에 놓여 있습니다. 지난 50년 동안 전 세계 맹그로브 면적의 약 50퍼센트가 사라졌습니다. 사람들이 맹그로브를 대규모로 베어 내 그곳에 새우 양식장을 만들거나 맹그로브를 **목탄** 연료 또는 가축 사료로 사용했기 때문입니다. 한 번 파괴된 맹그로브 숲을 복원하려면 최소 200년 이상의 긴 시간이 걸리므로, 더 이상의 파괴를 막고 보존하는 것이 무엇보다 중요합니다.

어휘가 쑥쑥

사다리 타기를 통해 단어의 뜻을 확인해 봅시다.

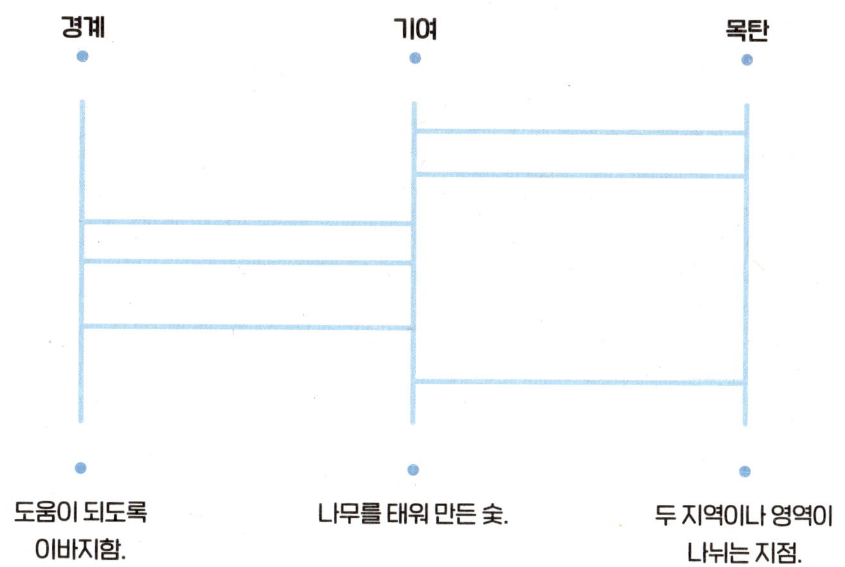

도움이 되도록 이바지함.

나무를 태워 만든 숯.

두 지역이나 영역이 나뉘는 지점.

생각이 쑥쑥

1. 맹그로브의 생김새는 어떠한가요?
2. 맹그로브 숲은 왜 중요한가요?
3. 맹그로브 생태계를 보호하는 것이 사람들에게도 중요한 이유는 무엇일까요?
4. 일부 사람들이 맹그로브를 파괴하는 이유는 무엇인가요? 그들의 권리와 자유를 존중하면서 맹그로브를 보호할 방법이 있을까요?

기념일 배경

2015년 유네스코(UNESCO)는 매년 7월 26일을 '세계 맹그로브 생태계 보존의 날'로 제정했습니다. 전 세계의 교육, 과학, 문화 발전을 돕기 위해 일하는 국제기구인 유네스코는 기념일 지정을 통해 맹그로브 숲의 가치와 보존의 필요성을 교육함으로써 사람들이 맹그로브 숲 파괴 문제에 대해 인식할 수 있다고 보았습니다. 또한, 이를 해결하기 위한 과학적 연구와 문화적 협력도 강화할 수 있으리라 기대했지요.

타임라인

2004년	2005년	2016년
인도에 엄청난 규모의 쓰나미가 발생했지만 맹그로브 숲이 있던 지역은 쓰나미로 인한 피해가 적었습니다.	맹그로브에 속하는 일부 나무 종류들이 멸종 위기종으로 등록되었습니다.	2016년 7월 26일, 제1회 세계 맹그로브 생태계 보존의 날이 기념되었습니다.

더 읽을 거리 1 우리나라에도 맹그로브 숲이?

우리나라에는 맹그로브 숲이 자연적으로 존재하지 않지만, 기후 위기 문제 해결을 위해 맹그로브 숲을 만들기 위한 프로젝트가 추진되고 있습니다. 2009년 남해안 인근 지역에서 맹그로브를 기르고자 시도했으나 우리나라의 추운 겨울을 이겨 내지 못했습니다. 그러나 최근 기후 위기로 전남 해안 지역의 평균 기온이 상승함에 따라 다시 맹그로브 숲을 만드는 것에 도전하고 있습니다. 이러한 프로젝트가 성공한다면 우리나라도 뛰어난 탄소 흡수 능력과 건강한 생물 다양성을 지닌 맹그로브 생태계를 갖게 될 것입니다.

더 읽을 거리 2 맹그로브의 특별한 적응 능력

맹그로브는 강과 바다가 만나는 곳인 소금기가 많은 진흙땅에서 자랍니다. 이런 곳은 대부분의 식물이 견디기 어려운 환경이지요. 이런 환경에 적응하기 위해 맹그로브는 뿌리에서 소금 성분을 걸러 내거나 잎을 통해 소금 성분을 배출합니다. 뿌리의 일부를 물 위로 드러내 나무가 진흙 속에서 잘 버틸 수 있게 하고, 동시에 공기 중의 산소를 얻을 수 있도록 합니다.

▲ 맹그로브

도전! 활동하기

- 맹그로브의 독특한 생김새를 그림으로 표현하기
- 맹그로브 숲에 서식하는 다양한 동물 조사하기
- 맹그로브의 독특한 특징 조사하기
- 맹그로브 생태계의 중요성을 알리는 자료 만들기
- 맹그로브를 제목으로 한 노래 감상하기

무더위 속에서 환경에 대해 고민하는 8월

8월의 날씨는 무척 뜨겁습니다. 바깥에 잠깐만 나가도 땀이 줄줄 흐르지요. 이처럼 더운 날씨 때문에 시원한 에어컨 바람을 쐴 수 있는 실내에서만 여름 방학을 보내는 친구들도 많습니다. 하지만 무더위에서도 야외의 동식물은 8월의 뜨거운 햇볕 아래 힘든 시간을 보내야 하지요. 지구 온난화가 점차 심해지면서 앞으로 여름이 지금보다 더 뜨거워질 것이라고 합니다. 지금의 더위는 단순한 계절 현상이 아니라, 지구가 우리에게 하는 경고일지도 모릅니다. 무더위에 힘든 8월이지만, 오히려 환경에 대해 진지하게 생각해 볼 기회가 될 수도 있습니다.

8/4	8/8	
세계 구름표범의 날	무궁화의 날	세계 고양이의 날

8/10		8/12
세계 사자의 날	세계 바이오 연료의 날	세계 청소년의 날

	8/14	8월 셋째 주 토요일
세계 코끼리의 날	세계 도마뱀의 날	세계 유기 동물의 날

8/19	8/22	8/30
세계 오랑우탄의 날	에너지의 날	세계 고래상어의 날

뜨거운 여름을 물들이는 무궁화

#식물 #생태계 #공존 #기후 위기 #__________

우리나라를 상징하는 꽃인 무궁화는 여름꽃입니다. 7월 초부터 10월 중순까지 약 100일 동안 매일 새로운 꽃을 피워 내지요.

무궁화는 종류가 다양합니다. 흰색, 분홍색, 빨간색, 보라색 등 다양한 색깔의 무궁화가 있으며 꽃잎의 수 또한 홑겹, 반겹, 겹겹으로 나뉘어져 있습니다. 최근에는 병충해에 강하고 다양한 환경에서 잘 자라는 **품종**들이 개발되어 공원, 도로변 등에서 무궁화를 쉽게 찾아볼 수 있습니다.

도로변 길을 따라 줄지어 심은 나무를 가로수라고 합니다. 가로수는 삭막한 공간에 생기를 불어넣어 도시나 마을의 **경관**을 아름답게 꾸며 줄 뿐 아니라, 환경에도 도움이 됩니다. 공기 중의 오염 물질을 흡수하여 공기를 깨끗하게 만들고 그늘을 만들어 여름철 도심의 온도를 낮추지요. 또한, 이산화 탄소를 흡수하고 산소를 배출하여 기후 위기 대응에 도움이 됩니다.

가로수로 늘어선 무궁화 역시 경관과 환경을 **개선**하는 중요한 역할을 합니다. 길을 따라 늘어선 다채로운 색깔의 무궁화는 도심 속에서 자연을 느낄 수 있게 해 주기도 하지요. 뜨거운 여름을 견디며 아름다운 꽃을 피워 낸 무궁화를 보며 시민들은 자연의 아름다움과 강인한 생명력을 느낄 수 있습니다.

무궁화에 대한 재미있는 OX 퀴즈

① 무궁화는 우리나라에서만 자라는 특별한 꽃이다. (　　)

② 무궁화 꽃은 하루 동안만 피고, 다음 날에는 새로운 꽃이 핀다. (　　)

③ 무궁화는 추위에 약해서 겨울을 나지 못한다. (　　)

어휘가 쑥쑥

단어의 뜻을 살펴보고, 알맞은 한자를 골라 O로 표시해 봅시다.

① 같은 종류의 식물이나 동물 가운데, 생김새나 특성이 같은 무리.

품		종	
品 물건 품	稟 여쭐 품	種 씨 종	終 끝 종

② 눈에 보이는 자연이나 지역의 풍경.

경		관	
慶 경사 경	景 경치 경	官 벼슬 관	觀 볼 관

③ 잘못되거나 부족한 점을 고쳐서 더 나아지게 함.

개		선	
開 열 개	改 고칠 개	善 착할 선	先 먼저 선

생각이 쑥쑥

① 가로수를 심으면 어떤 좋은 점이 있나요?

② 가로수로 적합한 무궁화의 특징은 무엇인가요?

③ 기후 위기는 가로수에게 어떤 영향을 줄까요?

④ 내 주변의 나무를 잘 돌보기 위해 개인적으로 할 수 있는 일은 무엇일까요?

기념일 배경

무궁화의 날이 8월 8일인 이유는 숫자 8을 옆으로 눕힌 모양이 수학 기호인 무한대(∞)와 닮아 '무궁(無窮)' 끝없음을 상징하기 때문입니다.

'끝없이 피어나는 꽃'이라는 뜻의 무궁화는 오래전부터 우리나라의 상징이었습니다. 통일 신라와 고려 시대부터 우리나라를 '무궁화의 나라'라고 표현했지요. 뜨거운 여름을 견디며 끊임없이 꽃을 피우는 무궁화는 시련과 역경을 이겨 내는 우리 민족의 정신과도 닮아 독립운동의 상징으로도 널리 사용되었습니다. 무궁화의 가치를 다시 일깨우고 더 많은 관심을 모으기 위해, 2007년 전국 650여 개 초등학교 학생 1만 여 명의 서명을 바탕으로 '무궁화의 날'이 만들어졌습니다.

타임라인

1919년	1945년	2014년
대한독립선언서에 무궁화가 그려졌습니다.	태극기를 매달아 놓는 국기봉 장식으로 무궁화를 사용하게 되었습니다.	산림청이 매년 '무궁화 명소'를 선정하고 있습니다.

더 읽을 거리 1 어떤 나무들을 가로수로 많이 심을까요?

전국의 가로수 중 무궁화는 약 5퍼센트를 차지합니다. 우리나라에서 가로수로 많이 심는 나무로는 은행나무, 느티나무, 벚나무, 메타세쿼이아, 단풍나무 등이 있습니다. 이 나무들은 주로 병충해에 강하고 도시 환경에 잘 적응하며 생김새가 아름다워 가로수로 선택되곤 하지요. 소나무는 우리나라 국민이 가장 좋아하는 나무이지만, 병충해에 약하고 도시 환경에 잘 적응하지 못해 가로수로 잘 선택되지 않습니다.

더 읽을 거리 2 나무의 건강을 돌보는 나무 의사

가로수는 매연, 쓰레기, 사람들의 활동 등으로 인해 자연 속의 나무들보다 건강 상태가 좋지 않습니다. 특히 여름철 폭염이 시작되면 땅의 영양분이 부족해지고 높은 온도로 인해 잎 가장자리가 누렇게 변하며 마르는 현상이 나타나기도 합니다. 방치하면 가로수가 말라 죽을 수 있어 영양제와 물을 주며 돌봐 줘야 합니다. 가로수 줄기에 물주머니를 설치해 물이 일정하게 스며들도록 하는 방법도 있습니다. 또한, 가지를 다듬어 주고 병이나 벌레를 막아 주는 관리도 꼭 필요합니다. 하지만 나무가 병에 걸리면 이러한 관리만으로는 충분하지 않아 전문적인 돌봄이 필요합니다.

나무가 병이 들었을 때 어떤 문제가 있는지 진단하고 치료하는 전문가가 있습니다. 바로 '나무 의사'입니다. 나무 의사는 정해진 교육 과정에 따라 공부하고 시험을 통과해야만 될 수 있습니다. 이들은 아픈 나무가 있는 곳을 직접 찾아가 상태를 살피고 치료할 뿐만 아니라, 문화재로 지정된 나무나 희귀한 나무를 돌보기도 합니다. 나무 의사는 나무가 건강하게 자랄 수 있도록 도와 생태계의 균형을 지키고 자연환경을 보존하는 중요한 직업입니다.

도전! 활동하기

- 다양한 생김새의 무궁화 관찰하기
- 우리 마을에서 무궁화가 있는 곳 찾아보기
- 산림청에서 선정한 전국 무궁화 명소의 위치 찾아보기
- 가로수 주변에 떨어져 있는 쓰레기 줍기
- 가로수 종류와 위치, 특징 등을 기록하여 나만의 가로수 지도 만들기
- 더운 여름철 가로수 주변 온도와 햇빛이 그대로 드는 장소의 온도를 느끼고 비교해 보기

우리의 목소리가 미래를 바꿔요

#환경 정의 #기후 위기 #청소년 기후 행동 #__________

여러분이 살아갈 미래의 지구는 어떤 모습일 것 같나요? 날로 심각해지는 기후 위기로 인해 살아가기 어려운 환경이 될까요? 아니면 사람들의 노력으로 동식물과 안전하게 살아갈 수 있는 환경이 될까요?

여러분처럼 미래를 살아갈 날이 많은 어린 **세대**, 혹은 앞으로 태어날 세대를 '미래 세대'라고 합니다. 현재 세대의 행동과 선택에 따라 미래 세대가 살아갈 환경은 큰 **영향**을 받습니다. 하지만 지구 환경과 관련된 중요한 결정들에 정작 미래를 살아갈 여러분의 목소리가 충분히 **반영**되지 못하는 것은 아쉬운 일입니다.

다행히 최근, 직접 목소리를 내기 시작하는 청소년들이 점점 늘어나고 있습니다. 기후 위기가 자신들이 살아갈 미래에 심각한 위협이 된다는 사실을 인식한 청소년들이 어른들에게 기후 위기가 심각해지지 않도록 강력하게 **대응**할 것을 촉구하고 있지요. 청소년들은 기후 위기가 앞으로 자신들의 생존 및 삶의 질과 **직결**된 문제임을 강조하며 어른들이 더 이상 이 사실을 외면해서는 안 된다고 강하게 주장하고 있습니다.

8월 12일 세계 청소년의 날은 청소년의 권리와 그들이 지닌 **잠재력**을 되새기며 청소년의 목소리에 귀를 기울이는 것의 중요성을 강조하는 날입니다. 청소년이라고 해서 어른들이 정한 대로만 따라야 하는 것은 아닙니다. 청소년 역시 사회의 한 **구성원**으로서 충분히 의견을 내고 미래에 영향을 미칠 결정에 참여할 권리가 있습니다. 청소년의 목소리와 행동은 지구의 미래를 바꾸는 **원동력**입니다.

어휘가 쏙쏙

기사에 나온 단어들로 십자말풀이를 해 봅시다.

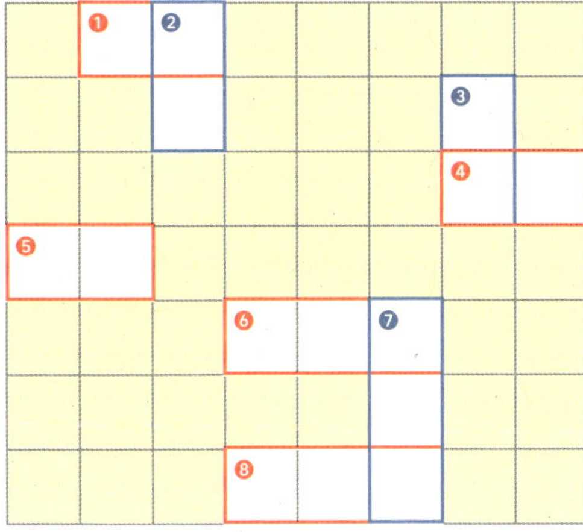

❶ 비슷한 시기에 태어나 같은 시대를 사는 사람들의 집단.

❷ 어떤 일이나 상황에 맞추어 알맞게 처리하거나 행동함.

❸ 다른 것에 영향을 받아 어떤 현상이 나타남.

❹ 어떤 일이나 행동이 다른 것에 변화를 주는 것.

❺ 서로 직접 연결됨.

❻ 어떤 집단이나 단체를 이루고 있는 사람.

❼ 무엇을 움직이거나 이루게 하는 가장 큰 힘.

❽ 겉으로 드러나지 않고 속에 숨어 있는 힘이나 가능성.

생각이 쏙쏙

1. 미래 세대란 어떤 사람들을 의미하나요?

2. 기후 위기 문제가 미래 세대에게 더욱 중요한 이유는 무엇인가요?

3. 여러분이 어른이 되었을 때, 여러분이 살아갈 지구의 모습은 어떠할 것 같나요? 그 이유는 무엇인가요?

4. 청소년 기후 행동으로 어떤 일들을 할 수 있을까요?

기념일 배경

유엔은 전 세계 청소년들이 겪고 있는 문제에 대해 논의하기 위해 1998년 8월 12일에 각국의 청소년 정책을 담당하는 장관들이 모이는 '세계 청소년 장관 회의'를 열었습니다. 이 회의에서는 청소년들의 권리를 보호하는 방법을 논의했습니다. 이를 기념하기 위해 1999년, 매년 8월 12일이 '세계 청소년의 날'로 정해졌습니다. 세계 청소년의 날은 청소년들이 환경, 사회, 경제 문제에 대해 생각하고 참여할 기회를 주며 청소년들의 목소리를 소중히 여기고 가능성을 응원하는 뜻깊은 날입니다.

타임라인

1948년	1989년	2000년
유엔이 세계 인권 선언을 채택하며 아동과 청소년의 권리를 강조했습니다.	유엔 총회에서 아동 권리 협약을 채택하고 전 세계 아동과 청소년을 보호하기 위한 기준을 만들었습니다.	제1회 세계 청소년의 날이 기념되었습니다.

더 읽을 거리 1 청소년 기후 행동

'청소년 기후 행동'이란 기후 위기 해결을 위해 청소년들이 주도적으로 나서는 활동을 의미합니다. 이들은 기후 문제 해결을 촉구하는 캠페인과 시위를 진행하고 문제 해결을 위한 방안을 제시합니다. 스웨덴의 그레타 툰베리는 이러한 청소년 기후 행동의 상징적인 인물입니다. 툰베리는 2018년 학교를 결석하고 의회 앞에서 혼자 시작한 시위로 전 세계 사람들의 관심을 집중시켰습니다. 툰베리의 기후 행동은 전 세계 수백만 명의 청소년이 참여하는 '기후를 위한 학교 파업' 운동으로 이어졌습니다.

더 읽을 거리 2 우리나라 청소년들의 권리를 위한 헌법 소원

▲ 지구를 지키자는 캠페인을 벌이는 청소년
_사진 출처 ©동아일보(뉴스뱅크)

우리나라 청소년들이 기후 위기로 인한 기본권 침해를 주장하며 헌법 소원을 제기했습니다. 헌법 소원이란 국가의 법이나 정책이 헌법에서 보장하는 기본권을 침해할 경우, 헌법 재판소에 이를 바로잡아 달라고 요청하는 제도입니다. 2020년, 청소년들이 정부의 기후 정책이 부족하여 자신들의 생존권, 환경권, 행복 추구권을 침해한다고 주장하며 소송을 제기하고 국가가 더 강력한 기후 대응 정책을 마련할 것을 요구했습니다. 이러한 행동은 청소년들이 기후 위기 문제에 대해 직접적으로 자신들의 목소리를 내고 법적 절차를 통해 참여할 수 있음을 보여 주었습니다.

그 결과 헌법 재판소는 2024년 8월 29일, 정부의 기후 정책이 청소년들의 기본권을 충분히 보호하지 못하고 있다고 판결하며, 더욱 적극적인 기후 정책을 마련하라는 의견을 내놓았습니다.

도전! 활동하기

- 우리 동네에서 해결해야 하는 환경 문제를 찾아보기
- 우리 동네의 환경 문제를 해결하기 위한 활동 계획하기
- 우리 동네의 환경 문제 해결을 위한 캠페인
- 우리 동네의 환경 문제 해결을 위해 제안하는 글쓰기

코끼리의 위기와 희망

#동물 #동물권 #공존 #__________

현재 코끼리는 서식지 파괴와 불법 사냥 때문에 심각한 위기에 처해 있습니다. 개발과 **농경지** 확대로 코끼리가 살 수 있는 곳이 줄어들고 있으며 코끼리의 긴 송곳니인 상아를 노린 밀렵은 야생 코끼리의 수를 크게 감소시키고 있지요.

코끼리는 야생에서만 위협을 받는 것이 아닙니다. 일부 지역에서는 코끼리를 관광 상품으로 활용하곤 합니다. 코끼리 타기 체험이나, **묘기**를 부리는 코끼리 쇼에 **동원**되는 코끼리들은 스트레스를 견디며 살아갑니다. 좁고 **열악**한 동물원에 갇혀 지내는 코끼리들도 마찬가지입니다. 특히 코끼리는 높은 지능을 가지고 있어 이런 환경에서 더 큰 고통을 느낍니다.

다행히 코끼리를 지키기 위해 노력하는 사람들이 고통받는 코끼리의 상황을 널리 알린 덕분에, 이러한 체험이나 쇼가 점차 적어지고 있습니다. 코끼리가 많이 사는 지역에는 코끼리 보호 구역을 마련하여 야생 코끼리가 안심하고 살아갈 수 있도록 돕는 방안도 마련하고 있습니다.

코끼리에 대한 신기한 사실

① 코끼리는 하루에 약 150킬로그램의 풀과 나뭇잎을 먹고, 약 200리터의 물을 마십니다.

② 코끼리의 임신 기간은 약 22개월로 모든 포유류 중 가장 깁니다.

③ 코끼리는 인간처럼 감정을 느끼며, 가족의 죽음을 슬퍼하고 서로 위로합니다.

④ 코끼리의 귀는 더운 날씨에 열을 식히는 선풍기처럼 사용됩니다.

⑤ 코끼리는 진동을 통해 먼 거리에서 동료 코끼리의 발소리를 감지할 수 있습니다.

어휘가 쑥쑥

기사에 등장한 단어에 대한 설명을 살펴보고, 해당 단어를 찾아 색칠해 봅시다.

- 농사짓는 데 쓰는 땅.
- 특이하고 뛰어난 기술이나 솜씨.
- 어떤 일에 참여하게 함.
- 품질이나 능력, 시설 따위가 매우 나쁨.

락	노	토	생	두	처	조	이	허
손	농	경	지	익	곤	동	괄	조
해	산	에	톱	산	호	원	바	힘
정	수	배	어	의	가	품	차	누
이	오	묘	매	나	후	무	우	오
한	동	기	들	괴	애	열	악	장
로	덕	더	슬	허	포	부	다	코

생각이 쑥쑥

1. 야생 코끼리가 겪는 문제는 무엇인가요?
2. 코끼리 보호를 위해 현재 어떤 노력을 하고 있나요?
3. 기후 변화는 코끼리에게 어떤 영향을 미칠까요?
4. 야생에서 사는 동물과 동물원에서 사는 동물의 삶은 어떻게 다를까요?

기념일 배경

2012년 8월 12일 캐나다의 동물 다큐멘터리 감독인 패트리샤 심스와 태국의 코끼리 보호 단체가 함께 '세계 코끼리의 날'을 만들었습니다. 심스는 2012년 이후로도 세계 코끼리의 날 행사를 주도적으로 이끌어 왔으며, 코끼리를 주인공으로 한 다큐멘터리를 통해 코끼리가 처한 문제를 전 세계에 알리는 큰 역할을 했습니다. 세계 코끼리의 날은 매년 8월 12일에 전 세계에서 기념되며, 코끼리를 지키기 위한 캠페인과 교육 활동이 이루어지고 있습니다.

타임라인

19세기	1973년	1989년	2016년
상아가 대규모로 거래되어 코끼리의 개체 수가 크게 줄었습니다.	아프리카코끼리와 아시아코끼리가 멸종 위기종으로 등록되었습니다.	상아의 국제 거래가 금지되었습니다.	미국과 중국이 국내에서도 상아를 사고파는 일을 금지했습니다.

더 읽을 거리 1 코끼리 보호소

코끼리 보호소란 밀렵, 코끼리 쇼, 코끼리 타기 체험 등으로 고통받던 코끼리들을 구조해 안전하게 보호하는 공간입니다. 이곳에서 코끼리들은 넓은 환경에서 자유롭게 지내며, 다시 건강을 회복합니다. 일부 보호소는 어미를 잃은 아기 코끼리를 돌보고 야생 적응 훈련을 시켜 다시 자연으로 돌아갈 수 있는 준비를 돕기도 합니다. 보호소 방문자들이 코끼리의 습성을 이해하고 코끼리 보호의 중요성을 배울 수 있도록 다양한 교육 프로그램을 제공합니다.

더 읽을 거리 2

동물원은 변해야 해요

야생의 코끼리는 하루에 약 50킬로미터를 걷습니다. 활동 영역이 매우 넓지요? 반면 동물원 코끼리는 좁은 공간에 갇힌 채 생활해야 합니다. 코끼리뿐 아니라 동물원에 사는 대부분의 동물들이 야생에서보다 훨씬 작은 공간에서만 지내야 하지요. 게다가 동물원 사육장 안에서는 야생의 본능적인 행동을 할 수 없습니다. 자연에서 얻는 다양한 자극을 받지 못하고요. 일부 동물은 스트레스를 받아 사육장 안을 반복해서 빙빙 도는 이상 행동을 보이기도 합니다. 만약 내가 동물원의 동물이라면 어떤 기분일까요? 동물원의 동물들은 단순히 사람들의 즐거움을 위한 관람의 대상이 아니라, 소중한 생명으로 존중해야 합니다. 다행히 최근 많은 동물원이 환경 개선을 위해 노력하고 있습니다. 동물들에게 더 넓은 공간과 자연에 가까운 환경을 만들고 동물들이 본능적인 행동을 할 수 있도록 다양한 자극을 제공하고 있지요.

▲ 동물원의 코끼리

도전! 활동하기

- 코끼리를 주제로 한 다큐멘터리 감상하기
- 코끼리 보호를 홍보하기 위한 카드 뉴스 만들기
- 좁은 동물원에 사는 코끼리의 하루 상상하여 일기 쓰기
- '동물원을 운영해야 하는가?'를 주제로 찬반 토론하기
- 동물들이 행복하게 살 수 있는 동물원을 상상하여 그림으로 표현하기

지구를 살리는 에너지 사용법

#환경 문제 #기후 위기 #친환경 행동 #__________

에너지는 물체를 움직이게 하거나 일을 하게 만드는 능력입니다. 그중 전기 에너지는 우리가 일상에서 가장 많이 사용하는 에너지입니다. 냉장고, 에어컨, 청소기, 세탁기, 전등, 휴대전화 충전기 등 집에서 사용하는 많은 물건이 전기로 작동합니다. 우리의 삶을 편리하게 만들어 주는 전기는 어떻게 만드는 걸까요?

지금 우리나라에서 사용하는 대부분의 전기는 석탄 화력 발전소와 핵 발전소에서 만들어지고 있습니다. 석탄 화력 발전소는 석탄을 태워 전기를 만드는데, 이 과정에서 배출된 이산화 탄소가 지구 온난화를 일으킵니다. 핵 발전소는 사고의 위험성이 있고 처리하기 힘든 방사능 **폐기물**이 발생합니다. 이런 이유로 보다 친환경적으로 전기를 만들 수 있는 신재생 에너지 발전이 더욱 많아져야 합니다.

무엇보다 가장 중요한 것은 우리 모두 일상 속에서 전기를 낭비하지 않고 절약하는 것입니다. 사용하지 않는 전등을 끄고, 전기 제품의 플러그를 뽑고, 에어컨을 **적정** 온도로 작동하는 등의 실천이 필요합니다. 에너지 **효율**이 좋은 가전제품을 사용하는 것도 효과적인 방법입니다. 가전제품에는 소비자가 제품의 에너지 효율을 쉽게 알 수 있도록 에너지 효율 등급이 표시되어 있습니다. 이 등급은 1등급부터 5등급까지 나뉘며, 숫자가 낮을수록 전기를 덜 사용하는 제품입니다. 같은 크기의 냉장고라도 1등급 제품은 5등급 제품보다 전기를 훨씬 적게 사용하지요. 에너지의 날을 맞아 우리가 사용하는 에너지가 얼마나 소중한지 되새기고, 일상생활 속 전기 사용을 줄일 방법도 고민해 봅시다.

어휘가 쑥쑥

다음 암호표를 보고 알맞은 영어 단어를 찾아봅시다.

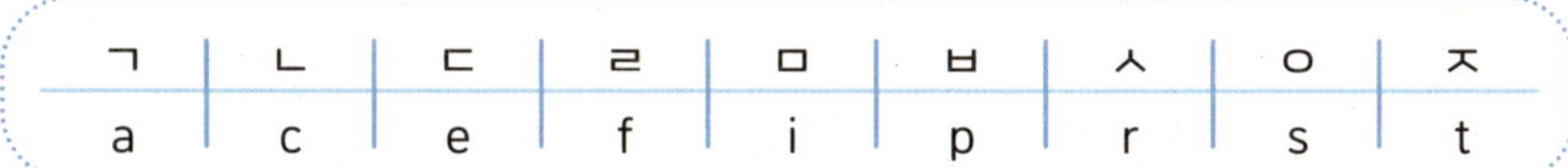

ㄱ	ㄴ	ㄷ	ㄹ	ㅁ	ㅂ	ㅅ	ㅇ	ㅈ
a	c	e	f	i	p	r	s	t

① **폐기물:** 못 쓰게 되어 버리는 물건.

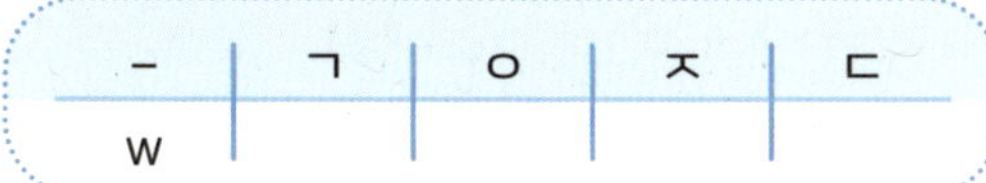

ㅡ	ㄱ	ㅇ	ㅈ	ㄷ
w				

② **적정:** 알맞고 바른 정도.

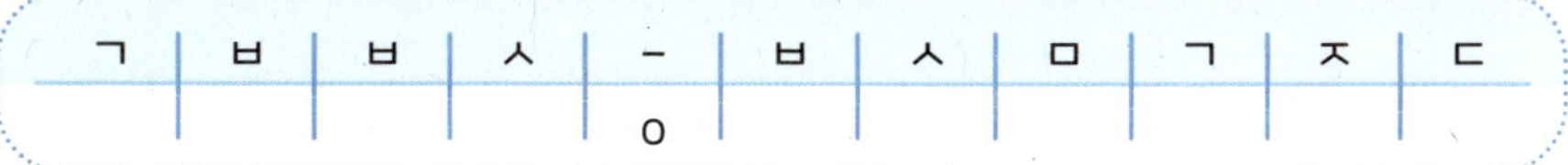

ㄱ	ㅂ	ㅂ	ㅅ	ㅡ	ㅂ	ㅅ	ㅁ	ㄱ	ㅈ	ㄷ
				o						

③ **효율:** 들인 노력, 시간, 비용에 비해 얻은 결과가 얼마나 좋은지를 나타내는 정도.

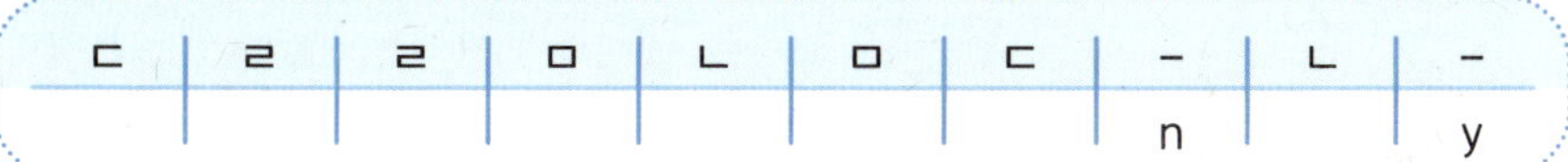

ㄷ	ㄹ	ㄹ	ㅁ	ㄴ	ㅁ	ㄷ	ㅡ	ㄴ	ㅡ
							n		y

생각이 쑥쑥

① 전기를 절약해야 하는 이유는 무엇인가요?

② 신재생 에너지를 이용해 전기를 만드는 것은 어떤 장점이 있나요?

③ 전기를 사용하지 못한다면 나의 일상은 어떻게 변할까요?

④ 일상생활에서 전기를 절약하는 방법에는 어떤 것들이 있나요?

기념일 배경

더운 여름에는 에어컨과 선풍기 사용량이 늘어 전기를 많이 사용하게 됩니다. 2003년 8월 22일은 그해에 전기가 가장 많이 사용된 날이었습니다. 우리나라의 에너지 절약을 위해 노력하는 시민 단체가 이날을 계기로 에너지 절약 실천을 위해 '에너지의 날'을 만들었습니다. 에너지의 날에는 '밤 9시부터 5분 동안 전등 끄기', '낮 2시부터 1시간 동안 에어컨 온도 2도 올리기'라는 캠페인을 통해 많은 사람이 에너지 절약에 참여할 수 있도록 합니다.

타임라인

2004년	2007년	2022년
제1회 에너지의 날이 기념되었습니다.	에너지의 날에 '불을 끄고 별을 켜다'라는 소등 캠페인이 시작되었습니다.	전국 13개 지역 68만여 명이 소등 행사에 참여하여 약 1,500가구가 한 달간 사용할 수 있는 양의 전기를 절약했습니다.

더 읽을 거리 1 대기 전력, 전원을 꺼도 사용되는 전기

텔레비전, 전자레인지, 컴퓨터 같은 제품은 전원을 꺼도 플러그가 꽂혀 있으면 조금씩 전기를 사용합니다. 이것을 대기 전력이라고 부릅니다. 리모컨을 예로 들면 버튼이 눌리자마자 곧바로 작동되기 위해 계속 전기를 사용하며 대기하고 있는 것입니다. 대기 전력의 낭비를 막으려면 사용하지 않는 제품의 플러그를 뽑거나 멀티탭의 전원을 꺼 두는 것이 좋습니다. 사용할 때마다 플러그를 꽂는 것이 조금 귀찮더라도 대기 전력을 줄여서 전기 에너지를 아끼고 전기 요금도 줄여 봅시다.

더 읽을 거리 2 에너지의 미래, 신재생 에너지

신재생 에너지는 신에너지와 재생 에너지를 합쳐 부르는 말입니다. 신에너지는 기존 방법과는 다른 새로운 기술로 만든 에너지로, 수소 에너지나 폐기물을 활용해 만든 에너지 등이 있습니다. 재생 에너지는 태양광, 풍력, 수력처럼 자연에서 얻을 수 있고 계속 사용할 수 있는 에너지를 말합니다. 신재생 에너지를 이용하면 환경을 덜 해치면서 전기를 만들 수 있습니다.

▲ 수소 에너지
▲ 태양광 발전
▲ 풍력 발전
▲ 수력 발전

도전! 활동하기

- 우리 집의 전기 요금 통지서 살펴보기
- 가족들과 전기 사용량 줄이기 목표를 세우고 한 달 동안 실천하기
- 전기를 사용하지 않는 여가 활동을 찾아보고 여가 시간 보내기
- 쓰지 않는 가전제품의 플러그 뽑기
- 우리 집 가전제품의 에너지 효율 등급 확인하기
- 특별실로 이동할 때 빈 교실의 텔레비전이나 전등 끄기

푸른 하늘을 올려다보는 9월

더위가 서서히 물러가는 9월은 많은 사람에게 반가운 달입니다. 여름 내내 뜨거운 햇볕과 무더위에 지쳤던 몸과 마음이 서서히 숨을 돌릴 수 있는 시간이 찾아오지요. 잠시 멈춰 서서 푸른 하늘을 올려다보면 몽실몽실 떠 있는 흰 구름이 눈에 들어옵니다. 그 풍경을 바라보면 어느새 마음이 한결 가벼워집니다. 이처럼 아름다운 자연은 존재 자체로 우리에게 위로를 건네고 아무 말 없이도 행복을 선물해 줍니다.

아름다운 자연을 앞으로도 오래도록 느끼고 즐기기 위해서는 우리의 노력이 필요합니다. 지금부터 개인이 할 수 있는 작은 실천부터 사회와 국가의 체계적인 계획과 정책, 나아가 전 세계가 협력하는 약속까지 환경을 위한 다양한 노력을 함께 살펴봅시다.

9/6
자원 순환의 날

9/7
푸른 하늘의 날
곤충의 날

9/15
그린피스의 날

9/16
세계 오존층 보호의 날

9/18
세계 물 모니터링의 날

9/22
세계 차 없는 날
세계 코뿔소의 날

9월 셋째 주
농장 동물 인식 주간

9월 셋째 주 토요일
세계 레서판다의 날
세계 해변 정화의 날

9/29
세계 음식물 손실 및 음식물 쓰레기 인식의 날

9월 마지막 주 금요일
코알라 구하는 날

맑은 공기, 푸른 하늘

#환경 문제 #대기 오염 #___________

맑고 푸른 가을 하늘 아래에서 친구들과 뛰어노는 것은 정말 즐거운 일입니다. 깨끗한 공기는 우리를 상쾌하고 활기차게 만들어 주지요. 반면, 공기가 깨끗하지 못하면 우리의 일상도 달라집니다. 실내에서 환기를 제대로 하지 못하고, 야외 활동을 줄여야 합니다. 체육 시간에 운동장에 나갈 수도 없습니다. 외출할 때 마스크를 써야 하는 것도 답답하고 불편합니다. 맑은 공기는 단순히 우리의 기분을 좋게 하는 것을 넘어, 건강과 생활까지 깊숙이 연결되어 있습니다.

대기 오염은 해로운 물질에 공기가 오염되는 현상입니다. 대기를 오염시키는 물질은 크게 1차 오염 물질과 2차 오염 물질로 나뉩니다. 1차 오염 물질은 바로 대기 중에 배출되는 물질로 이산화 황(SO_2), 질소 산화물(NO_x), 일산화 탄소(CO), 미세 먼지 등이 대표적입니다. 2차 오염 물질은 1차 오염 물질이 햇빛이나 대기 중 다른 물질과 반응하여 만들어지는 물질입니다. 오존(O_3)과 광화학 스모그 등이 포함됩니다.

자동차 배기가스, 공장 **매연**, 석탄과 같은 화석 연료 사용 등이 대기 오염의 주요 원인입니다. **촌락** 지역에서는 몰래 쓰레기를 태우기도 하는데, 이 과정에서도 대기 오염 물질이 많이 발생합니다. 대기 오염 물질은 호흡기 질환이나 알레르기 같은 건강 문제를 일으킬 수 있습니다. 비에 섞이면 산성비가 내려 토양 오염과 수질 오염을 일으키고 각종 동식물에게도 피해를 줍니다. 대기 오염 문제 해결을 위해 우리나라에서는 친환경 자동차 보급, 대기 오염 물질 **규제**, 미세 먼지 예보 시스템 운영, 숲 조성을 통한 공기 **정화** 등 다양한 노력을 하고 있습니다.

어휘가 쏙쏙

기사에 나온 단어와 단어의 뜻을 알맞게 짝지어 봅시다.

매연 •	• 시골의 작은 마을.
촌락 •	• 더럽거나 오염된 것을 깨끗하게 함.
규제 •	• 법이나 규칙으로 제한하거나 통제함.
정화 •	• 연료가 탈 때 나오는 그을음이 섞인 연기.

생각이 쏙쏙

1. 대기 오염은 왜 발생하나요?
2. 대기 오염 문제를 해결하기 위해 우리나라는 어떤 노력을 하고 있나요?
3. 대기 오염은 동식물에게 어떤 영향을 미칠까요?
4. 공기가 깨끗한 날과 그렇지 않은 날, 나의 하루는 어떻게 다른가요?

기념일 배경

'푸른 하늘의 날'은 우리나라가 최초로 제안한 유엔 공식 기념일입니다. 공식 명칭은 '푸른 하늘을 위한 국제 맑은 공기의 날'이지요. 이 기념일은 2019년 우리나라 국민들의 아이디어를 바탕으로 유엔 기후 행동 정상 회의에 제안되었고, 같은 해에 열린 유엔 총회에서 채택되었습니다. 2020년에는 우리나라의 국가 기념일로도 지정되어, 우리나라와 전 세계가 함께 깨끗한 공기의 필요성을 되새기는 날로 자리 잡았습니다.

타임라인

2019년 8월	2019년 12월	2020년
국민 정책 참여단에서 '푸른 하늘의 날'이 처음 제안되었습니다.	제74회 유엔 총회에서 '푸른 하늘의 날'이 공식 기념일로 채택되었습니다.	'푸른 하늘의 날'이 국가 기념일로도 지정되어 유엔과 국내에서 동시에 기념되었습니다.

더 읽을 거리 1 심각한 대기 오염 사건들

1952년 겨울, 영국 런던에서 석탄을 난방 연료로 사용하며 나온 연기(smoke)와 안개(fog)가 합쳐져 짙은 스모그(smog)가 발생했습니다. 이로 인해 약 4,000명 이상이 호흡기 질환과 관련된 문제로 사망했지요. 1940년대 미국 로스앤젤레스에서는 자동차 배기가스와 강한 햇빛이 반응하여 생긴 광화학 스모그가 많은 사람의 눈과 목을 자극하고 호흡기를 손상시키는 사건이 일어났습니다. 이 사건들은 대기 오염 문제의 심각성을 전 세계적으로 알리는 계기가 되었습니다.

더 읽을 거리 2 작지만 위험한 미세 먼지

미세 먼지는 대기 중에 떠다니는 매우 작은 먼지 입자로, 크기가 사람 머리카락 굵기의 5분의 1밖에 되지 않습니다. 미세 먼지 중에서도 눈에 보이지 않을 정도로 더 작은 먼지를 초미세 먼지라고 합니다. 미세 먼지는 자동차에서 나오는 배기가스, 공장에서 나는 연기, 석탄과 석유 같은 연료를 태울 때 나오는 연기 등 사람의 활동으로 주로 생깁니다. 자연에서 강한 바람에 흙먼지가 날아오는 황사와는 달리, 미세 먼지는 주로 인공적인 오염 물질이라는 점에서 차이가 있습니다.

미세 먼지가 위험한 이유는 우리가 숨을 쉴 때 몸속 깊은 곳까지 침투할 수 있기 때문입니다. 보통 콧속이나 기관지의 미세한 털이 먼지를 걸러 주지만, 미세 먼지는 아주 작기 때문에 걸러지지 못하고 기관지 속까지 들어갈 수 있습니다. 더 작은 초미세 먼지는 폐 깊숙이까지 침투할 수도 있지요.

미세 먼지의 피해를 줄이기 위해 우리나라는 미세 먼지 예보 시스템을 운영하고 있습니다. 공기 중 미세 먼지 농도를 실시간으로 확인하고 농도가 높아지면 경보를 발령해 야외 활동을 자제하도록 안내하고 있습니다.

도전! 활동하기

- 일상생활에서 대기 오염을 줄이기 위해 실천할 수 있는 행동 리스트 만들기
- 공기가 깨끗한 날, 멋진 구름이 있는 푸른 하늘 사진 찍기
- '푸른 하늘의 날' 이벤트 참여하기
- 현재 우리 지역의 미세 먼지 농도 확인하기
- 미세 먼지가 동식물에게 미치는 영향 조사하기
- 푸른 하늘의 소중함을 주제로 글 쓰거나 그림 그리기

친환경 미래 먹거리, 곤충

#친환경 소비 #식용 곤충 #먹거리 #기후 위기 #__________

곤충을 먹어 본 적이 있나요? 관광지에서 파는 번데기를 먹어 본 적이 있을 수도 있겠네요. 번데기는 편의점이나 마트에서 통조림으로도 쉽게 만나 볼 수 있지요. 흔히 '번데기'라고 불리는 이 음식은 누에나방의 애벌레로 만든 것입니다. 익숙지 않은 생김새 때문에 못 먹는 친구들도 있겠지만, 번데기로 조리되는 애벌레는 뽕나무 잎만 먹으며 자라기 때문에 깨끗할 뿐 아니라 단백질이 많아 영양가 높은 먹거리랍니다.

최근 곤충 식량을 권장하려는 노력이 전 세계적으로 활발히 이루어지고 있습니다. 소, 돼지, 닭 등을 기를 때와 달리, 온실가스와 환경 오염 물질이 많이 발생하지 않기 때문입니다. 같은 무게의 단백질을 얻기 위해 필요한 사료나 물의 양도 훨씬 적습니다. 좁은 공간에서도 **사육**할 수 있어 농장을 만들기 위해 숲을 파괴하지 않아도 되지요. 게다가 곤충은 단백질 **함량**이 높으며 각종 비타민, 미네랄, 섬유질 등이 풍부하게 함유되어 있어 건강에도 좋습니다.

아직도 많은 사람이 곤충 섭취에 거부감을 가지고 있습니다. 우리나라 정부는 식용 곤충에 대한 사람들의 인식을 바꾸기 위해 9월 7일을 '곤충의 날'로 **제정**하여 곤충의 가치를 열심히 홍보하고 있습니다. 환경을 지키기 위해 곤충 먹기에 한번 도전해 보면 어떨까요?

식용 곤충에 대한 거부감을 줄이기 위해 만든 별명

① 갈색거저리(밀웜) – 고소애

② 흰점박이꽃무지유충(굼벵이) – 꽃벵이

③ 쌍별귀뚜라미 – 쌍별이

어휘가 쏙쏙

단어의 뜻을 살펴보고, 주어진 자음과 모음을 조합해 단어를 만들어 봅시다.

1. 어린 가축이나 짐승이 자라도록 먹이어 기름.

2. 물질이 어떤 성분을 포함하고 있는 분량.

3. 제도나 법률 따위를 만들어서 정함.

생각이 쏙쏙

1. 곤충 먹거리가 환경적으로 가치 있는 이유는 무엇인가요?
2. 우리나라에서 곤충의 날을 만든 이유가 무엇인가요?
3. 곤충을 먹을 수 있나요? 그 이유는 무엇인가요?
4. 식용 곤충에 대한 사람들의 거부감을 줄일 방법으로는 어떤 것이 있을까요?

기념일 배경

우리나라에서는 친환경 가치에 주목해 곤충을 가축처럼 기르는 곤충 산업의 발전을 위해 노력하고 있습니다. 곤충을 기르는 사람들에게 도움을 주고 국민에게도 곤충의 가치를 널리 알리기 위해 '곤충 산업의 육성 및 지원에 관한 법률'도 제정했지요. 2019년에 이 법률은 일부 개정하며 '곤충의 날'을 만들었습니다. 때문에 곤충의 날은 우리나라의 법률로 정해진 '법정 기념일'입니다. 곤충의 날을 9월 7일로 정한 이유는 무엇일까요? 9월 7일을 숫자만 읽으면 '구칠'로 '곤충'과 발음이 비슷하고, 9월은 곤충이 가장 활발하게 활동하기 좋은 시기이기 때문입니다. 곤충의 날에는 다양한 곤충과 곤충 관련 제품을 전시하고 여러 체험을 즐길 수 있는 홍보 행사가 열립니다.

타임라인

1960년대	2010년	2019년
번데기가 길거리에서 간식으로 흔하게 판매되기 시작했습니다.	'곤충 산업의 육성 및 지원에 관한 법률'이 제정되었습니다.	법률이 개정되며 곤충의 날이 만들어졌습니다.

더 읽을 거리 1 곤충은 무슨 맛일까?

인터넷에 '식용 곤충'이라고 검색하면 쉽게 제품을 살 수 있습니다. 그중 대표적인 것이 밀웜이나 귀뚜라미를 그대로 건조시켜 과자처럼 먹도록 판매하는 간식입니다. 건조 밀웜은 새우 과자, 건조 귀뚜라미는 볶은 검은콩과 비슷한 고소한 맛이 난다고 합니다. 여기에 양파, 치즈 등의 양념 가루를 곁들인 제품도 많습니다.

더 읽을 거리 2

소고기 vs 식용 곤충

소고기	vs	식용 곤충(귀뚜라미)
20.8g	100g당 단백질 함량	26.4g
2,800g	체중 1kg당 이산화 탄소 배출량	1g
15,400L	체중 1kg당 필요한 물의 양	0~3,700L
245m²	체중 1kg당 필요한 땅의 크기	15m²

도전! 활동하기

- 부모님과 함께 곤충 요리 만들기
- 나만의 곤충 요리 레시피 만들기
- 곤충으로 만든 식품 먹어 보기
- 곤충의 날 행사에 참여하기

오존층을 지켜 낸 우리의 성공 이야기

#환경 문제 #국제 협약 #__________

오존층은 지구를 둘러싸고 있는 대기의 높은 곳에 있는 한 부분입니다. 태양에서 나오는 해로운 자외선을 막아 주는 보호막 역할을 하지요. 그런데 냉장고, 에어컨, 스프레이 등에서 냉매로 널리 사용되던 프레온 가스가 대기로 올라가 오존층을 파괴하기 시작했습니다. 냉매란 주변의 열을 흡수하거나 방출하면서 물건이나 공간을 차갑게 만드는 물질입니다.

오존층이 파괴되어 사람들이 자외선에 많이 노출되면 피부암이나 눈병 같은 질병이 생길 수 있습니다. 자외선이 **지표**에 더 많이 **도달**하면 식물의 잎을 손상시켜 광합성을 방해하고 성장 속도도 느리게 만듭니다. 바다 생태계에서는 플랑크톤을 죽일 수도 있습니다. 바다 생태계 먹이 사슬의 시작점인 플랑크톤이 줄어들면 바다 생물 전체가 영향을 받습니다.

오존층 파괴 문제를 해결하기 위해 세계 여러 나라가 힘을 합쳤습니다. 1987년에 '몬트리올 의정서'라는 국제 협약으로 프레온 가스 같은 화학 물질의 사용을 단계적으로 줄이기로 약속한 것입니다. 이 협약에 따라 현재 대부분의 국가에서 프레온 가스 사용을 완전히 중단한 상태입니다. 그 결과 오존층은 점점 회복되고 있는 것으로 **관측**되었습니다. 과학자들은 2050년쯤이면 오존층이 거의 완전히 복구되리라고 예상하고 있습니다. 이는 지구적 규모의 심각한 환경 문제를 성공적으로 해결한 최초의 사례입니다. 오존층을 지켜 낸 성공 이야기는 심각한 환경 문제도 전 세계가 다 함께 노력하면 해결할 수 있다는 희망을 보여 줍니다.

어휘가 쑥쑥

기사에 나온 단어의 뜻과 예문을 살펴보고, 그 단어를 사용해 간단한 문장을 만들어 봅시다.

① **지표(地 땅 지, 表 겉 표)**

• 지구의 겉면, 땅의 표면.

예문) 산림이 파괴되면 지표가 햇빛에 직접 노출되어 토양이 건조해진다.

② **도달(到 다다를 도, 達 통할 달)**

• 목적한 곳이나 수준에 이름.

예문) 몽골에서 발생한 황사가 우리나라까지 도달했다.

③ **관측(觀 볼 관, 測 잴 측)**

• 육안이나 기계로 자연 현상이나 기상 상태, 추이, 변화 따위를 관찰하여 측정하는 일.

예문) 대기 관측소에서는 대기 오염 물질의 변화를 매일 관측한다.

생각이 쑥쑥

① 오존층의 역할은 무엇인가요?

② 오존층은 왜 파괴되었나요?

③ 파괴된 오존층이 다시 회복될 수 있었던 이유는 무엇인가요?

④ 전 세계가 함께 노력하여 해결할 수 있는 환경 문제로는 또 어떤 것들이 있을까요?

기념일 배경

'세계 오존층 보호의 날'은 오존층 파괴의 심각성을 인식하고, 오존층을 보호하기 위해 만들어진 기념일입니다. 1987년 9월 16일, 캐나다 몬트리올에서 오존층을 파괴하는 물질의 생산과 사용을 규제하는 '몬트리올 의정서'가 채택되었습니다. 이후 1994년, 유엔 총회에서 몬트리올 의정서 채택일인 9월 16일을 '세계 오존층 보호의 날'로 지정하기로 결정했습니다.

매년 9월 16일에는 오존층 보호의 중요성을 알리고, 이를 위한 국제 협력을 강조하는 다양한 캠페인과 교육 행사가 열립니다.

타임라인

1930년대 초반	1974년	1985년
냉장고, 에어컨, 스프레이 등에 사용되는 프레온 가스가 개발되었습니다.	프레온 가스가 오존층을 파괴한다는 연구 결과가 발표되었습니다.	남극의 하늘에서 오존층이 파괴되어 오존층 농도가 감소한 지역이 발견되었습니다.

더 읽을 거리 1 '오존'이란 무엇일까요?

오존은 공기 중에 있는 기체 중 하나로 어디에 있느냐에 따라 역할이 달라집니다. 지표 가까운 낮은 대기 중에 있는 오존은 대기 오염 물질입니다. 이 오존은 자동차 배기가스나 공장 매연이 햇빛에 반응하여 생기는데, 호흡기 질환을 일으킬 수 있습니다. 반면, 땅으로부터 약 15~30킬로미터 위 높은 대기에 있는 오존은 산소가 태양의 자외선에 반응하여 자연적으로 생성됩니다. 이러한 오존이 많이 모여 있는 부분을 오존층이라고 하며, 태양에서 나오는 해로운 자외선을 막는 보호막 역할을 합니다.

더 읽을 거리 2 '자외선'의 종류와 영향

자외선은 종류에 따라 UVA, UVB, UVC로 나뉩니다. 이 중 UVC는 오존층에서 대부분 흡수되어 지표에 거의 도달하지 않습니다. UVB는 일부가 오존층에 의해 흡수되지만, 오존층이 얇아지면 지표로 더 많이 도달해 피부암과 눈 질환 같은 문제를 일으킬 수 있습니다.

반면 UVA는 오존층을 통과해 지표에 도달하지만, 강도가 약해 비교적 덜 해롭습니다. 하지만 UVA에 많이 노출되면 피부 노화나 화상을 일으킬 수 있습니다.

따라서 햇볕이 강한 날에는 자외선 차단제를 꼼꼼히 바르고 챙이 넓은 모자나 자외선 차단 선글라스를 착용하는 것이 중요합니다. 특히 오전 10시부터 오후 3시 사이가 자외선이 가장 강한 시간대이므로 야외 활동 시 주의가 필요하지요. 자외선은 구름이 낀 날에도 약 80퍼센트 이상이 통과하여 흐린 날에도 보호가 필요합니다.

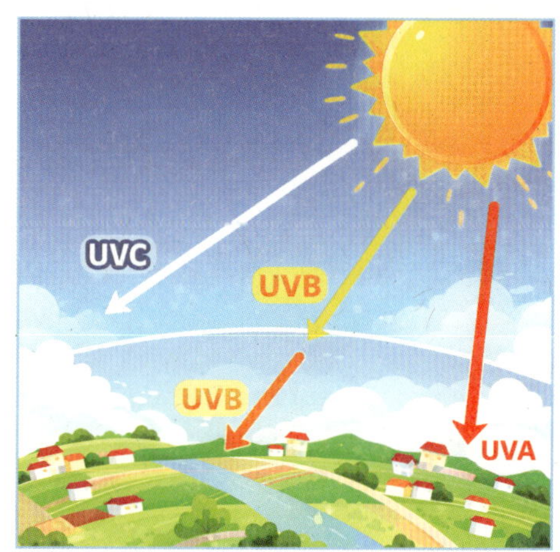

도전! 활동하기

- 오존층의 소중함을 소개하는 홍보 자료 만들기
- 자외선과 오존층의 관계를 그림으로 표현하기
- 기상청 홈페이지에서 오늘의 자외선 지수 확인하기
- 어떤 대화 끝에 몬트리올 의정서가 만들어졌을지 상상하며 역할극 대본 쓰기

소중한 음식물이 버려지지 않도록

#환경 문제 #환경 정의 #__________

세계에는 굶주리는 사람들이 많지만, 또 다른 곳에서는 음식물이 대량으로 버려지고 있습니다. 이처럼 심각한 식량 불균형은 지구촌이 함께 해결해야 할 중요한 과제입니다.

우리나라는 많은 음식물을 버리고 있는 쪽입니다. 사람들은 먹다 남은 음식이 음식물 쓰레기로 버려진다고 생각하지만, 먹기 전에 버려지는 음식도 많습니다. 이처럼 먹을 수 있는 음식이 음식물 쓰레기로 버려지는 것을 '음식물 손실'이라고 합니다.

음식물 손실은 주로 식품의 생산과 **유통**, 보관 과정에서 발생합니다. 흠집이 나거나 모양이 예쁘지 않아 농장에서 버려지는 작물, 너무 많이 생산되어 값이 떨어질 것을 **우려**해 버려지는 작물, 유통 과정에서 소비 기한이 지나 버려지는 식품 등이 있습니다. 가정에서는 보관을 잘못하여 상하거나 시든 음식이 버려지기도 합니다. 또는 지나치게 많은 식재료를 산 탓에 소비 기한 내에 다 먹지 못해 버리기도 하지요. 전 세계에서 생산된 식량의 약 19퍼센트가 이렇게 버려진다고 합니다.

음식물 쓰레기의 또 다른 문제는 처리 과정에서 환경 오염과 기후 변화를 일으킨다는 것입니다. 먼저 음식물 쓰레기 매립지의 토양 또는 수질이 오염될 수 있습니다. 음식물이 썩을 때 강력한 온실가스인 메테인이 발생하여 지구 온난화를 일으키고, 기후 변화를 **가속화**시킵니다. 이 같은 관점에서 음식물 쓰레기 줄이기는 음식 낭비를 막는 데서 한발 더 나아가, 환경을 지키고 기후 위기 문제에 대응하기 위한 중요한 실천입니다.

어휘가 쑥쑥

사다리 타기를 통해 단어의 뜻을 확인해 봅시다.

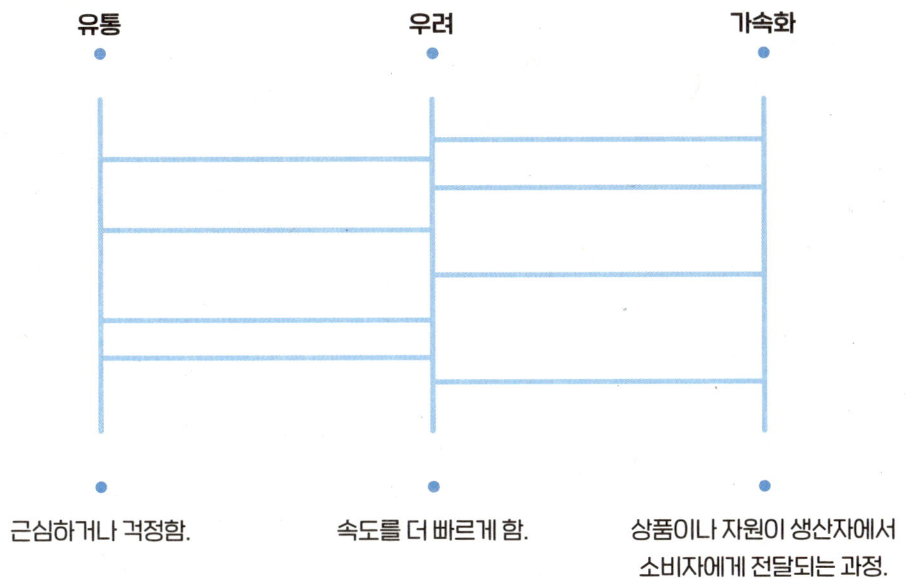

생각이 쑥쑥

1. 음식물 손실이란 무엇인가요?
2. 음식물 쓰레기는 환경에 어떤 영향을 미치나요?
3. 음식물이 낭비되지 않고 공평하게 분배된다면 세상은 어떻게 달라질까요?
4. 음식물 쓰레기를 줄이기 위해 개인이 실천 가능한 방법에는 어떤 것들이 있나요?

기념일 배경

유엔은 음식물 손실과 낭비를 줄이기 위해 2020년부터 매년 '세계 음식물 손실 및 음식물 쓰레기 인식의 날'을 기념하고 있습니다. 이날을 기념하는 까닭은 음식물 쓰레기 문제의 심각성을 전 세계인이 인식하고 개인과 사회가 함께 노력하여 2030년까지 1인당 전 세계 식품 낭비를 절반으로 줄이자는 목표를 실현하기 위해서입니다. 이 기념일에는 사람들이 음식을 소중히 여기는 방법을 배우고 실천하도록 요리 수업, 음식 나눔 행사, 음식물 손실 줄이기 캠페인 등이 열립니다.

타임라인

2015년	2019년	2022년
유엔은 2030년까지 전 세계의 음식물 쓰레기의 양을 절반으로 줄이자는 목표를 정했습니다.	유엔 총회에서 9월 29일을 '세계 음식물 손실 및 음식물 쓰레기 인식의 날'로 정하기로 결정되었습니다.	전 세계에서 약 8억 명이 충분한 음식을 먹지 못하고 있습니다. 이는 전 세계 인구의 약 10퍼센트에 해당합니다.

더 읽을 거리 1 우리나라의 음식물 쓰레기 발생 현황

세계 평균 1인당 연간 음식물 쓰레기 배출량은 약 79킬로그램이지만, 우리나라는 이보다 많은 95킬로그램을 배출하고 있습니다. 우리나라에서 매일 하루 평균 약 1만 5천 톤의 음식물 쓰레기가 버려지고 있으며, 생활하며 버려지는 전체 생활 쓰레기 중의 약 24퍼센트가 음식물 쓰레기입니다. 이렇게 발생한 음식물 쓰레기를 처리하는 데 드는 비용은 매년 2조 원 이상에 달합니다.

더 읽을 거리 2 음식물 쓰레기를 줄이는 친환경 추석

추석은 가족과 함께 맛있는 음식들을 나누어 먹는 명절입니다. 우리나라 사람들은 오래전부터 추석에는 음식을 다양하고 풍족하게 준비했습니다. 하지만 요즘은 너무 많은 음식을 준비하다 보니 먹지 못하고 남는 음식이 생기는 경우가 많습니다. 남은 음식은 냉장고에서 오래 보관하다가 결국 버려지기도 하지요.

또한 추석에는 차례상이나 선물용으로 겉모습이 예쁜 식재료나 과일을 골라 구매하는 경우가 많습니다. 그래서 모양이 조금 삐뚤거나 크기나 색이 균일하지 않다는 이유로 멀쩡한 농산물이 많이 버려지게 되지요. 농부들의 노력은 물론 농산물을 키우는 데 사용된 물, 비료 등의 자원도 함께 낭비되는 셈입니다.

이번 추석에는 가족과 미리 명절 음식의 종류와 양을 계획하여 음식 낭비를 줄여 봅시다. 식재료나 과일을 살 때 음식물 낭비를 줄일 수 있는 '못난이 농산물'을 선택해 보면 어떨까요? 못난이 농산물은 맛과 영양이 일반 농산물과 다르지 않은데도, 가격이 조금 더 저렴할 뿐만 아니라 환경에도 이롭습니다. 여러분의 신중한 선택이 버려지는 음식을 줄이고 환경을 지키는 뿌듯한 친환경 추석을 만들어 줄 거예요.

도전! 활동하기

- 못난이 농산물 구매하기
- 냉장고를 정리하고 냉장고에 있는 음식을 활용해 요리하기
- 우리 집에서 음식물 쓰레기가 얼마나 발생하는지 조사하기
- 우리 학교에서 음식물 쓰레기가 얼마나 발생하는지 조사한 다음 음식물 쓰레기를 줄일 방법을 토의하고, 그 방법을 담은 홍보 포스터 만들기

풍요로움을 나누는 10월

10월은 그동안 열심히 키운 농작물 수확의 기쁨을 느낄 수 있는 계절입니다. 들판에는 황금빛 벼가 고개를 숙이고, 과수원에는 잘 익은 과일이 주렁주렁 달려 있지요. 이처럼 풍성한 수확을 바라보고 있으면 마음까지 넉넉하고 따뜻해집니다.

진정한 풍요로움이란 내 몫을 채우는 것에서 그치지 않습니다. 그 넉넉함을 다른 이들과 나누며 공존의 가치를 실천하는 데서 시작되지요. 따뜻한 마음을 지구에서 우리와 함께 살아가는 다른 생명들과 나누면 어떨까요? 농장에서 사는 동물들, 길 위의 동물들, 밭밑의 작은 지렁이까지 우리의 관심과 도움이 필요한 존재니까요. 가을의 풍요로움을 즐기는 동시에 우리 주변의 생명을 아끼고 존중하는 마음도 키워 봅시다.

10/1	10/2	10/4
세계 채식주의자의 날	세계 농장 동물의 날	동물에게 친절한 날
	10/8	10/10
동물 보호의 날	세계 문어의 날	세계 동물 찻길 사고 인식의 날
10월 둘째 주 토요일	10/13	10/16
세계 아프리카펭귄 인식의 날	세계 자연재해 감소의 날	세계 식량의 날
10월 셋째 주 금요일	10/18	10/21
세계 산의 날	(호주) 자전거 타고 출근하는 날	파충류 인식의 날
	10/23	10월 마지막 주 금요일
세계 지렁이의 날	세계 눈표범의 날	세계 여우원숭이의 날

비좁은 공간에서 살아가는 농장 동물

#동물권 #윤리적 소비 #___________

사람들은 수천 년 전부터 **가축**을 키우며 생활에 큰 도움을 받아 왔습니다. 말을 타고 먼 거리를 오가고, 소의 힘을 빌려 농사를 짓거나 양을 길러 옷감을 만드는 등 다양한 방식으로 가축을 활용했지요. 가축에게서 얻는 고기와 달걀, 우유 등은 귀한 음식이 되어 사람들의 삶을 더욱 풍요롭게 만들었습니다.

과거에는 주로 집이나 작은 농장에서 가축을 길렀습니다. 사람들은 생활에 필요한 만큼만 가축을 사육했지요. 그러다 시간이 지나며 가축을 키우는 방식에도 큰 변화가 생겼습니다. 더 많은 고기와 우유, 달걀 등을 빠르고 저렴하게 얻기 위해 동물들을 좁은 우리에 가두고 키우기 시작한 것입니다. 이렇게 동물들을 공장에서 물건을 찍어 내는 기계처럼 다루는 방식을 공장식 **축산**이라고 합니다.

공장식 축산 농장의 동물들은 자유롭게 움직일 수도 없는 좁은 공간에 갇힌 채 살아갑니다. 닭은 손바닥만 한 철망 안에서 날개를 펼 수도 없고, 돼지는 좁은 우리에 갇혀 걸을 수조차 없습니다. 이러한 환경에서 살아가는 농장 동물들은 극심한 스트레스와 고통을 받습니다.

세계 농장 동물의 날은 우리가 가축을 대하는 방식을 되돌아보는 날입니다. 인간의 삶에 필요한 자원을 얻기 위해 동물을 이용하더라도, 동물이 살아가는 동안 불필요한 고통을 줄이고 기본적인 **복지**를 보장하는 것이 중요합니다. 다행히 최근에는 가축들이 기존보다 넓은 공간에서 자연스럽게 움직이며 지낼 수 있는 동물 복지 농장이 조금씩 늘어나고 있습니다.

어휘가 쑥쑥

단어의 뜻을 살펴보고, 알맞은 한자를 골라 O로 표시해 봅시다.

1. 사람들이 기르는 소, 말, 돼지, 닭 등의 동물.

가		축	
家 집 가	價 값 가	築 쌓을 축	畜 가축 축

2. 가축을 키워서 고기, 우유, 달걀 등을 얻는 일.

축		산	
逐 쫓을 축	畜 가축 축	傘 우산 산	產 낳을 산

3. 행복한 삶.

복		지	
福 복 복	復 회복할 복	地 땅 지	祉 복 지

생각이 쑥쑥

1. 공장식 축산으로 가축을 기르는 이유는 무엇인가요?
2. 공장식 축산 농장에서 가축은 어떤 고통을 겪을까요?
3. 동물을 이용하더라도 고통을 줄이고 복지를 보장해야 하는 이유는 무엇일까요?
4. 동물 복지 농장이 늘어나려면 어떤 노력들이 필요할까요?

기념일 배경

미국의 동물권 운동가 알렉스 허샤프트는 1983년, 평화와 비폭력의 상징인 간디가 태어난 10월 2일을 '세계 농장 동물의 날'로 정했습니다. 간디는 '한 나라의 위대함과 도덕적 수준은 동물을 어떻게 대하는지를 보면 알 수 있다'라는 말을 남겼습니다. 이 말은 동물에게도 폭력 없이 존중하는 태도로 대해야 한다는 가르침을 담고 있습니다. 또한, 이날은 고통받는 농장 동물의 상황을 많은 사람에게 알리고 농장 동물의 복지 개선 방안을 함께 고민하는 기회를 제공합니다.

타임라인

1822년	1990년대	2012년
가축을 학대하는 행위를 금지하는 법이 영국에서 세계 최초로 만들어졌습니다.	공장식 축산의 문제점이 세계적으로 알려지기 시작했습니다.	우리나라에서 처음으로 동물 복지 인증 제도가 시행되었습니다.

더 읽을 거리 1 사람들과의 관계로 본 동물

동물들은 사람과 어떤 관계를 맺었느냐에 따라 여러 가지로 나눌 수 있습니다. 반려동물은 강아지나 고양이처럼 사람과 함께 지내며 감정을 교류하는 가장 밀접한 관계의 동물입니다. 가축은 소나 닭처럼 고기나 우유 같은 음식을 얻기 위해 키우는 동물입니다. 사역 동물은 말이나 당나귀처럼 물건을 나르거나 경찰견, 구조견처럼 사람들에게 도움을 주는 동물입니다. 이외에도 자연에서 스스로 살아가는 야생 동물, 실험에 이용되거나 동물원에 갇혀 지내며 인간과 특별한 목적으로 관계를 맺는 동물도 있습니다.

더 읽을 거리 2 동물 복지 제품 구매하기

동물 복지 농장의 제품을 구매하고 싶다면 제품 포장지에 표시된 동물 복지 인증 마크를 확인하면 됩니다. 이 인증은 나라에서 정한 기준에 따라 가축에게 넓은 공간과 깨끗한 환경을 제공해야 받을 수 있습니다.

▲ 동물 복지 인증 마크

특히 계란은 제품 포장지뿐 아니라 껍데기에 적힌 숫자로도 닭이 어떤 환경에서 길러졌는지 확인할 수 있습니다. 계란 껍데기에 열 자리의 알파벳과 숫자가 표기되어 있는데, 마지막 자리에 있는 숫자는 닭이 길러진 환경을 1번부터 4번까지 나타낸 번호입니다. 1번은 닭이 자유롭게 다닐 수 있는 넓은 야외 공간에서 키워졌다는 뜻입니다. 2번은 닭이 실내지만 자유롭게 돌아다닐 수 있는 환경에서 키워졌다는 뜻이고요. 3번은 닭이 자유롭게 돌아다닐 수 없는 케이지에서 키워졌다는 뜻이며, 4번은 닭이 제대로 움직이기도 어려운 비좁은 케이지에서 키워졌다는 뜻입니다. 즉, 작은 숫자의 계란을 고르는 것이 동물 복지를 고려한 선택입니다.

동물 복지 제품은 일반 제품보다 조금 비싸지만, 동물 복지 제품을 구매하는 것은 가축들이 더 나은 삶을 살 수 있도록 도와주는 가치 있는 선택입니다.

도전! 활동하기

- 우리 집 냉장고에 있는 계란에 적힌 마지막 번호 확인하기
- 마트에서 동물 복지 인증 제품 찾아보기
- 공장식 축산 농장에서 보내는 가축의 하루를 상상하여 일기 쓰기
- 우리나라의 동물 복지 축산 농장 조사하기
- 세계 농장 동물의 날을 기념하는 포스터 그리기

동물에게도 안전한 길

#생태계 #서식지 보호 #공존 #__________

자동차가 빠르게 달리는 도로를 안전하게 건너려면 어떻게 해야 할까요? 사람들은 횡단보도나 육교를 이용하고 신호등을 잘 보며 길을 건너야 한다는 교통안전 규칙도 어릴 때부터 배웁니다. 하지만 동물들은 달리는 자동차가 얼마나 위험한지 알 수 없습니다. 도로를 안전하게 건널 수 있는 교통안전 규칙도 모릅니다. 그래서 숲이나 강 근처의 도로에서는 동물들이 길을 건너다 자동차와 부딪혀 다치거나 목숨을 잃는 사고가 자주 일어납니다.

동물들은 도대체 왜 위험한 도로를 건너는 것일까요? 동물들은 물을 마시거나 먹이를 구하려고 넓은 지역을 돌아다닙니다. **번식기**에는 짝을 찾고 알이나 새끼를 낳을 장소로 가기 위해 먼 거리를 이동하기도 합니다. 그러므로 도로가 동물들의 서식지와 이동 **경로**를 가로막으면, 동물들은 자신들의 **영역**을 오가기 위해 어쩔 수 없이 도로를 건너야만 합니다. 사람들에게는 편리함을 주는 도로가 동물들에게는 예고 없이 나타난 거대한 장애물이자 생명을 위협하는 위험한 공간인 셈입니다.

동물 찻길 사고 문제를 해결하기 위해 생태 통로가 만들어지고 있습니다. 생태 통로는 도로로 **단절**된 동물들의 서식지를 연결해 주는 다리나 터널 등의 시설입니다. 숲과 숲을 연결하는 다리나 도로 밑으로 지나는 터널 등이 대표적이지요. 생태 통로가 생기면 동물들은 자동차의 위협 없이 자유롭게 이동할 수 있고, 안전하게 생활할 수 있는 공간이 넓어집니다. 또 서식지가 연결되면서 다양한 동물이 더 쉽게 갈 수 있어 생태계가 균형을 되찾고 건강해집니다.

어휘가 쏙쏙

기사에 나온 단어와 단어의 뜻을 알맞게 짝지어 봅시다.

번식기 •	• 지나는 길.
경로 •	• 동물이 짝을 찾아 새끼를 낳는 시기.
영역 •	• 자신이 차지하거나 활동하는 범위나 구역.
단절 •	• 서로 연결되었던 것을 끊음.

생각이 쑥쑥

1. 동물 찻길 사고는 왜 발생할까요?
2. 생태 통로란 무엇인가요?
3. 동물 찻길 사고를 당한 동물들의 입장은 어떠할까요?
4. 동물 찻길 사고를 예방할 수 있는 새로운 기술을 상상해 볼까요?

기념일 배경

매년 10월 10일은 '세계 동물 찻길 사고 인식의 날'로, 2020년 '캣츠매터(Catsmatter)'라는 영국의 한 동물 보호 단체가 처음 제정했습니다. 이 기념일은 동물 찻길 사고의 심각성을 많은 사람에게 알리고, 사고를 줄이기 위한 대책을 촉구하기 위해 만들어졌습니다.

이날에는 동물 찻길 사고를 예방하기 위한 교육 캠페인, 생태 통로 설치의 중요성을 알리는 행사 등이 열립니다. 우리는 이를 통해 도로에서 만나는 동물들의 안전과 생명을 존중하는 태도를 되새길 수 있습니다.

타임라인

1980년대	2013년	2018년
네덜란드에서 최초의 생태 통로가 설계되었습니다.	우리나라 자연환경보전법 제45조에 생태 통로의 설치 등에 관한 내용이 만들어졌습니다.	환경부와 국토 교통부는 '동물 찻길 사고 조사 및 관리 지침'을 만들어 동물 찻길 사고를 줄이기 위해 노력하고 있습니다.

더 읽을 거리 1 동물 찻길 사고를 줄이도록 돕는 기술

도로에 동물이 나타나면 전광판에 실시간으로 알려 주는 새로운 시스템이 생겼습니다. 이 시스템은 인공 지능 기술을 활용하여 운전자에게 도로에 동물이 나타났음을 즉시 알려 줍니다. 운전자는 자동차의 속도를 줄여 동물 찻길 사고를 예방할 수 있습니다. 동물 찻길 사고 예방 전광판은 앞으로 전국에 점차 설치될 예정입니다. 이러한 노력은 동물과 운전자의 안전을 동시에 지키기 위한 중요한 한 걸음입니다.

더 읽을 거리 2 로드킬

'로드킬(Roadkill)'이란 동물 찻길 사고의 다른 말로, 동물이 도로에서 자동차와 충돌해 목숨을 잃거나 다치는 사고를 뜻합니다. 우리나라에서는 매년 수만 마리의 동물이 로드킬로 희생되고 있습니다. 이는 공식적으로 보고된 사례만 이야기하는 것으로 실제 로드킬로 희생되는 동물의 수는 훨씬 많을 것으로 추정됩니다. 로드킬은 동물들이 가장 활발하게 활동하는 5, 6월에 가장 많이 발생합니다. 가장 많이 희생되는 동물은 고라니로 전체 로드킬 사고의 약 67퍼센트를 차지합니다. 그 외에도 너구리, 다람쥐, 멧토끼, 족제비 등 다양한 야생 동물이 로드킬 피해를 입고 있습니다.

로드킬이 발생하면 먼저 자동차를 안전한 곳에 세우고 비상등을 켜서 다른 차량들에게 사고를 알려야 합니다. 도로에 쓰러진 동물을 옮기겠다며 가까이 다가가거나 직접 손을 대는 것은 위험합니다. 다친 동물이 갑자기 움직이거나 사람을 해칠 수도 있고, 인수 공통 감염병에 노출될 위험도 있기 때문입니다. 그 대신 동물 구조 센터나 도로관리청 등 전문 기관에 바로 신고하여 다친 동물을 구조하거나 사망한 동물을 안전하게 옮기도록 요청해야 합니다.

도전! 활동하기

- 동물 찻길 사고를 예방할 수 있는 경고 표지판 만들어 보기
- 사고를 당한 동물을 돕는 동물 구조 센터에 감사 편지 쓰기
- 동물 찻길 사고를 예방할 수 있는 유도 울타리, 감지 센서, 생태 통로 등 조사하기
- 동물 찻길 사고로 희생된 동물을 추모하는 시간 가지기
- 동물 찻길 사고를 예방할 수 있는 운전자 지침 만들기

기후 위기와 우리의 먹거리

#기후 위기 #생태계 #지속 가능성 #___________

식량은 인류의 생존과 직결되는 중요한 자원 중 하나입니다. 지금은 풍부한 음식을 먹을 수 있는 시대지만, 기후 위기로 인해 가뭄, 홍수와 같은 **극단적**인 날씨가 자주 발생하면서 충분한 식량을 **안정적**으로 얻기가 점점 어려워지고 있습니다. 이러한 문제는 전 세계 많은 사람에게 영향을 끼치며 특히 가난한 지역에서는 식량 부족으로 인한 어려움이 더욱 심각해지고 있습니다.

기후 위기는 우리나라에서 얻을 수 있는 먹거리의 종류도 변화시킵니다. 이를테면 평균 기온이 상승한 탓에 서늘한 기후에서 잘 자라는 사과를 기존에 **재배**하던 지역에서 수확하기가 어려워지고 있습니다. 반대로, 뜨거운 열대 기후에서 잘 자라는 망고나 바나나를 우리나라에서도 재배할 수 있게 되었습니다. 바다의 수온이 오르면서 갈치나 고등어 등의 어종이 북쪽 바다로 이동하여 기존 지역에서는 잘 잡히지 않기도 합니다.

사람들의 먹거리 선택도 식량 위기와 깊이 연결되어 있습니다. 예를 들어, 소고기를 생산하려면 소를 키우기 위해 무척 많은 곡물과 물이 필요합니다. 하지만 그 곡물을 직접 사람들의 먹거리로 사용하면 훨씬 더 많은 사람을 먹일 수 있습니다. 그러므로 육식을 줄이고 채식을 늘리는 것은 식량을 더 효율적으로 사용할 수 있는 방법입니다.

세계 식량의 날에 우리의 먹거리 변화와 식량 위기를 이해하고 지구와 우리의 미래를 위해 어떻게 먹어야 하는지, 무엇을 해야 하는지 고민해 봅시다.

어휘가 쑥쑥

기사에 등장한 단어에 대한 설명을 살펴보고, 해당 단어를 찾아 색칠해 봅시다.

- 한쪽으로 크게 치우치는 것.
- 변하지 않고 일정한 상태를 유지하는 것.
- 식물을 심어 가꿈.

락	노	토	생	두	처	조	이	허
손	내	불	더	익	강	호	괄	조
해	극	에	톱	산	도	족	바	힘
정	단	배	어	안	정	적	차	누
이	적	우	라	나	후	무	발	오
한	동	이	들	괴	애	재	배	장
로	덕	더	슬	허	포	부	다	코

생각이 쑥쑥

1. 식량이 중요한 이유는 무엇인가요?
2. 기후 위기와 식량은 어떤 관계가 있나요?
3. 식량이 부족해지면 가장 먼저 피해를 입는 사람은 누구일까요?
4. 기후 위기가 계속 심각해지면 우리의 밥상은 어떻게 바뀔까요?

기념일 배경

'세계 식량의 날'은 유엔 식량 농업 기구(FAO)가 만들어진 날인 1945년 10월 16일을 기념해 제정되었습니다. 1979년 유엔 식량 농업 기구 회의에서 만들어졌으며, 전 세계의 굶주림 문제를 해결하고 식량의 중요성을 알리기 위해 시작되었습니다. 지구의 모든 사람이 충분하고 안전한 먹거리를 가질 권리가 있음을 강조하는 이날에는 전 세계적으로 다양한 캠페인과 행사를 통해 지속 가능한 식량 생산과 공정한 분배의 중요성을 알리고 있습니다.

타임라인

1981년	1996년	2015년
제1회 세계 식량의 날이 기념되었습니다.	이탈리아의 로마에서 185개국의 대표가 모여 전 세계 식량 부족 문제에 대한 회의를 열었습니다.	유엔은 지구촌 구성원이 달성해야 할 지속 가능한 발전 목표 17가지를 세웠는데, 세상 모든 사람이 굶주리지 않도록 하는 목표도 포함되었습니다.

더 읽을 거리 1 배추 한 포기에 만 원?

기후 위기로 인해 농작물 재배가 어려워지고 있습니다. 가뭄이나 폭우, 폭염, 늦더위 등의 이상 기후와 태풍 등의 자연재해가 자주 발생하면 농작물의 생산량이 크게 줄어들기 때문입니다. 최근에는 이런 이유로 배추 한 포기의 가격이 만 원 가까이 올라 화제가 되기도 했습니다. 농작물 생산의 불안정성은 농부들에게 큰 어려움을 줄 뿐만 아니라, 소비자들에게도 먹거리 가격 상승으로 큰 부담을 줍니다.

더 읽을 거리 2 변화하는 먹거리 지도

기후 위기 때문에 농작물이 자라는 지역이 점점 북쪽으로 옮겨 가고 있습니다. 예를 들어 주로 경상도에서 재배되던 사과가 이제는 충청도와 강원도에서 더 잘 자랍니다. 또, 제주도에서만 자랐던 감귤은 이제 전라남도 해안 지역에서도 키울 수 있게 되었습니다. 기후 위기가 더 심각해지면, 사과나 감귤 같은 과일을 재배하기 적합한 지역이 점점 줄어들게 됩니다. 결국 우리가 익숙하게 먹던 과일들이 먹기 어려워질 수도 있습니다.

도전! 활동하기

- 채식 위주의 식단 계획하고 실천하기
- 날씨에 따른 농작물의 가격 변동 조사하기
- 기후 위기가 농작물에 미치는 영향을 줄이기 위한 방법 토의하기
- 식량 부족 문제를 겪고 있는 나라와 그 원인 조사하기

작지만 위대한 지렁이

#생태계 #동물 #기후 위기 #___________

지렁이를 징그럽게 여기는 사람들도 있지만, 사실 지렁이는 생태계에서 없어서는 안 될 아주 중요한 존재입니다. 땅속의 **분해**자인 지렁이는 죽은 생물, 낙엽, 동물의 **배설물** 등을 먹고 잘게 부수어 배설물로 내보냅니다. 이때 지렁이가 만든 배설물은 식물이 자라는 데 필요한 영양분이 있는 천연 비료가 됩니다. 이렇게 잘 자란 식물은 다른 동물의 먹이가 되고, 그 과정에서 생겨나는 죽은 생물, 낙엽, 동물의 배설물을 다시 지렁이가 분해하며 생태계의 **순환**이 끊임없이 이루어집니다.

지렁이는 끊임없이 움직이며 땅속에 공기와 물이 잘 통하게 하는 구멍을 만듭니다. 지렁이가 만든 무수히 많은 구멍 덕분에 땅이 단단해지지 않고 식물이 잘 자랄 수 있는 건강한 환경이 만들어집니다.

만약 지렁이가 없다면, 땅속에서 자연스럽게 이루어지는 분해와 순환 과정이 멈추고 말 것입니다. 죽은 생물, 낙엽, 동물의 배설물이 쌓여 흙이 오염되고 식물이 자라는 데 필요한 영양분도 부족해지겠지요. 땅은 점점 단단해져 공기와 물이 통하지 않으니 식물이 잘 자라지 못할 테고요. 결국 지렁이가 없다면 식량 생산에 큰 문제가 생길 뿐 아니라 다른 동물들의 먹이도 부족해져 생태계 전체의 균형이 무너질 수 있습니다.

지렁이에 대한 재미있는 OX 퀴즈

① 지렁이는 눈이 없다. (　　)

② 지렁이는 낮에 활동한다. (　　)

③ 지렁이는 빛을 피해 도망친다. (　　)

④ 지렁이는 입으로 소리를 낼 수 있다. (　　)

⑤ 길이가 3미터 가까이 되는 지렁이도 있다. (　　)

어휘가 쏙쏙

다음 암호표를 보고 알맞은 영어 단어를 찾아봅시다.

ㄱ	ㄴ	ㄷ	ㄹ	ㅁ	ㅂ	ㅅ	ㅇ	ㅈ
a	c	e	i	l	m	o	r	s

① **분해:** 여러 부분이 결합되어 이루어진 것을 그 낱낱으로 나눔.

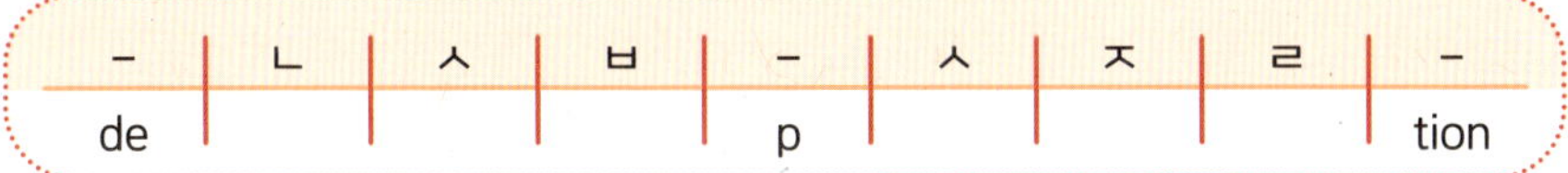

② **배설물:** 똥, 오줌, 땀 등 몸에서 쓰고 남은 찌꺼기가 밖으로 나오는 것.

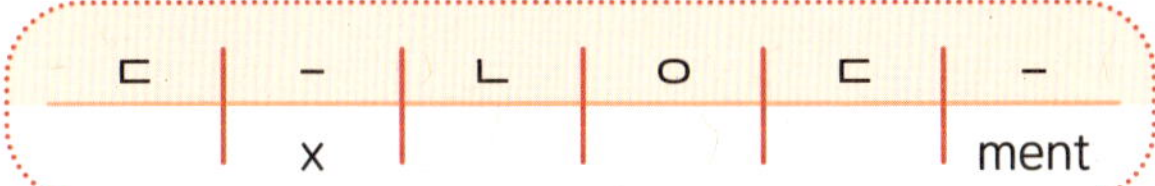

③ **순환:** 끝없이 돌고 도는 흐름.

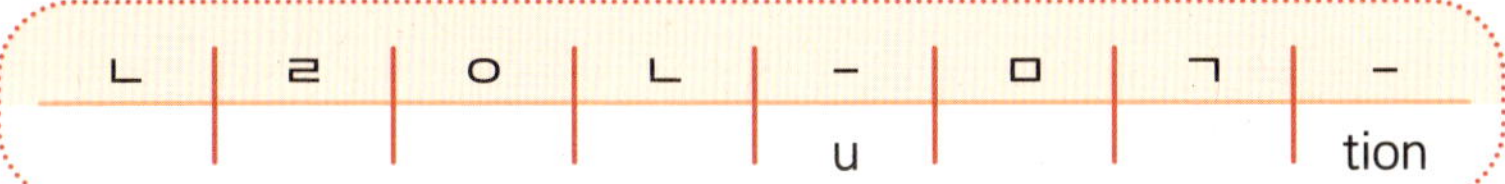

생각이 쏙쏙

① 지렁이가 생태계에서 하는 역할은 무엇인가요?

② 지렁이가 사라지면 사람들의 삶에 어떤 영향이 있을까요?

③ 지렁이가 많이 살고 있는 흙은 어떤 특징이 있을까요?

④ 지렁이처럼 생태계에서 중요한 역할을 하는 다른 생물은 무엇이 있을까요?

기념일 배경

'세계 지렁이의 날'은 생태계에서 중요한 역할을 하는데도 종종 제대로 인정받지 못하는 지렁이의 가치를 알리고, 자연 보호의 중요성을 되새기기 위해 만들어졌습니다. 2016년 영국 지렁이 협회(ESB)가 지정했지요. 10월이 선택된 이유는 찰스 다윈이 지렁이에 관한 연구를 책으로 출간한 달이기 때문입니다. 진화론으로 유명한 다윈은 지렁이의 생태학적 중요성을 과학적으로 밝혀내며 '지렁이 생태학의 아버지'로 불립니다.

타임라인

1881년	1980년대	2004년
찰스 다윈이 지렁이의 역할에 대한 책을 펴내면서 지렁이의 생태학적 중요성을 과학적으로 설명했습니다.	지렁이를 이용한 음식물 쓰레기 처리 방법에 대한 연구와 이용이 활발해졌습니다.	우리나라에서 지렁이를 키우는 농장을 지원하기 위해 지렁이가 가축으로 지정되었습니다.

더 읽을 거리 1 독특한 지렁이의 생김새

지렁이의 몸은 긴 원통 모양으로 여러 마디로 나뉘어 있습니다. 피부를 덮고 있는 점액은 지렁이가 피부를 통해 숨을 쉬고 땅속을 쉽게 움직이는 데 도움을 주지요. 지렁이는 머리와 꼬리가 뚜렷하지 않아 헷갈리기 쉽지만, 머리에는 먹이를 먹는 입이 있습니다. 지렁이의 피부 아래에는 강한 근육이 있어 몸을 쭉 펴거나 오므리며 움직일 수 있습니다. 또한 몸 표면에는 작고 미세한 털 같은 돌기가 있어 땅속에서 미끄러지지 않고 자유롭게 움직일 수 있습니다.

더 읽을 거리 2 비 오는 날 지렁이가 땅 위로 나오는 이유는?

비 오는 날이면 길 위에 나와 있는 지렁이들을 볼 수 있습니다. 지렁이는 피부를 통해 숨을 쉬는데, 비가 오면 땅속이 물에 잠겨 산소가 부족해지는 탓에 밖으로 나옵니다.

또 다른 이유는 비 오는 날 땅이 촉촉해져 지렁이가 쉽게 움직일 수 있기 때문입니다. 이때 지렁이들은 더 좋은 서식지를 찾거나 짝짓기를 위해 이동하기도 합니다. 그러나 땅 위로 나온 지렁이는 차나 사람에게 밟힐 위험이 있습니다. 비 오는 날 길 위의 지렁이를 발견한다면 나뭇가지 등으로 살짝 들어 흙 위로 옮겨 줍시다. 우리의 작은 배려가 지렁이에게는 큰 도움이 됩니다.

▲ 땅 위로 나온 지렁이

도전! 활동하기

- 다양한 지렁이의 종류 조사하기
- 지렁이의 특징을 살피며 귀여운 지렁이 캐릭터 만들기
- 지렁이가 하루 동안 땅속에서 하는 일을 상상해 그림이나 이야기로 표현하기
- 비 오는 날 길 위에 있는 지렁이를 흙 위로 옮겨 주기
- 지렁이의 역할을 떠올리며 감사 편지 쓰기
- 지렁이와 관련된 속담을 찾아보고 새로운 지렁이 속담 만들기

따뜻한 마음을 준비하는 11월

차가운 바람이 불기 시작하는 11월에는 몸도 마음도 움츠러들기 쉽습니다. 이럴 때일수록 따뜻한 마음만은 얼어붙지 않도록 우리가 살아가는 세상에 애정 어린 관심을 기울여 보면 어떨까요?

평소에 인식하기는 어렵지만, 우리 주변에는 도움과 관심을 필요로 하는 문제가 많습니다. 추운 겨울이 다가오면 따뜻한 겉옷을 준비하듯이 지구 가족 모두의 안전과 행복을 고려하는 따뜻한 마음도 준비해 봅시다. 작은 관심이 모두가 연결된 세상을 더 아름답게 만들어 주는 시작이 될 수 있습니다.

11/3		11/6
세계 원 헬스의 날*	세계 해파리의 날	세계 전쟁 및 무력 분쟁 중 환경 파괴 방지의 날
11/8	11/10	11/13
세계 도시 계획의 날	평화와 발전을 위한 세계 과학의 날	세계 친절의 날
11/19	11/21	11/27
세계 개미핥기의 날	세계 어업의 날	거북이 입양의 날
11월 마지막 주 금·토요일	11/29	
아무것도 사지 않는 날	세계 재규어의 날	

* 사람, 동물, 환경의 건강이 하나로 연결되어 있음을 알리고 전 세계적인 협력을 촉구하는 날.

자연은 전쟁의 또 다른 희생자

#환경 오염 #환경 윤리 #공존 #__________

평화를 지키는 것이 자연을 지키는 일이기도 합니다. 전쟁이 일어나면 많은 사람이 목숨을 잃거나 다치고, 경제적 **손실**과 사회적 갈등이 이어지는 등 큰 피해가 발생합니다. 환경에도 심각한 영향을 미치지요. 그럼에도 전쟁으로 인한 환경 문제는 상대적으로 알려지지 않았습니다. 전쟁 중 폭격이나 화학 무기 사용은 자연환경에도 돌이킬 수 없는 피해를 남기며, 이 같은 피해는 장기적으로 생태계와 인간에게도 큰 영향을 미칩니다.

전쟁 중 환경 오염과 생태계 파괴 문제는 매우 심각합니다. 폭격으로 인해 광범위한 지역의 숲과 초원이 순식간에 파괴되고, 동물들은 서식지를 잃거나 직접적인 폭발로 목숨을 잃습니다. 화학 무기 사용도 큰 문제입니다. 식물을 말라 죽게 하는 독성 화학 물질인 고엽제의 사용이 대표적인 사례입니다. 울창한 숲속에 숨어 있는 적을 찾기 어려워 숲을 없애려는 목적으로 **살포**된 고엽제는 숲과 생태계를 완전히 파괴해 수많은 동식물이 사라지게 만들었습니다. 물과 땅을 오염시켜 많은 생물에게 심각한 건강 문제를 일으켰지요. 또한 오랫동안 고엽제가 살포된 땅은 농작물 재배조차 불가능해졌습니다.

전쟁은 어떤 이유로도 일어나서는 안 되는 **비극**입니다. 전쟁이 정말 **불가피**한 경우라도 자연환경을 함부로 파괴해서는 안 됩니다. 이것은 인류와 지구의 미래를 위해 반드시 지켜야 할 약속입니다. 전쟁으로 인한 환경 파괴는 단순히 전쟁 당사자들만의 문제가 아니라, 전 세계 생태계와 미래 세대에게도 큰 영향을 미치기 때문입니다.

어휘가 쏙쏙

기사에 나온 단어와 단어의 뜻을 알맞게 짝지어 봅시다.

손실 •	• 피할 수 없음.
살포 •	• 매우 슬프고 안타까운 일을 당하여 불행한 경우를 이르는 말.
비극 •	• 액체, 가루 따위를 흩어 뿌림.
불가피 •	• 돈이나 물건, 가치 있는 것이 줄어들거나 없어지는 것.

생각이 쏙쏙

1. 전쟁은 환경에 어떤 영향을 미칠까요?
2. 전쟁 중에도 환경을 보호해야 하는 이유는 무엇일까요?
3. 전쟁에 피해를 보게 되는 지구 가족에는 누가 있나요?
4. 전쟁은 미래 세대에게 어떤 영향을 줄까요?

기념일 배경

1970년대부터 국제 사회는 전쟁 중에도 자연환경을 보호해야 한다는 여러 규칙을 만들어 왔습니다. 전쟁으로 인한 환경 파괴가 사람들뿐만 아니라 생태계 전체에도 큰 피해를 주었기 때문입니다. 유엔은 이러한 문제를 알리고 자연을 보호하며 평화를 지키는 일의 중요성을 전하기 위해, 2001년에 매년 11월 6일을 '세계 전쟁 및 무력 분쟁 중 환경 파괴 방지의 날'로 정했습니다.

타임라인

1961년~1971년	1970년대	1991년
베트남 전쟁에서 미국이 베트남 정글에 고엽제 약 7,000만 리터를 살포했습니다.	전쟁 무기를 제한해 환경 피해를 줄이려는 국제 협약이 만들어지기 시작했습니다.	걸프 전쟁에서 의도적으로 석유가 나오는 지역을 폭파시켜, 흘러나온 기름으로 바다가 오염되었습니다.

더 읽을 거리 1 지뢰와 야생 동물, DMZ의 숨겨진 이야기

우리나라의 DMZ(비무장 지대)는 남북한 사이에 전쟁을 멈춘 후 휴전선을 가운데 두고 만들어진 지역으로, 사람의 출입이 통제되면서 자연이 되살아난 특별한 곳입니다. 하지만 전쟁이 끝난 지 70년이 넘은 지금까지도 여전히 남아 있는 지뢰는 야생 동물들에게 큰 위험이 되고 있지요. 아직도 고라니, 멧돼지, 두루미 같은 동물들이 지뢰를 밟아 다치거나 목숨을 잃는 일이 종종 발생합니다. 지뢰 문제를 해결하기 위해 지뢰 제거 작업이 일부 진행되고 있지만, 완전한 제거까지는 매우 오랜 시간이 걸릴 것으로 예상됩니다.

더 읽을 거리 2 걸프 전쟁이 가져온 환경 파괴

1970년대 이후 전쟁 중 환경 파괴를 막기 위한 여러 규칙이 만들어졌습니다. 숲이나 농작지를 의도적으로 불태우는 행동, 강과 바다에 독성 물질을 흘려보내는 행동 등은 이러한 규칙에 어긋나는 일입니다. 많은 나라가 전쟁 중 환경 파괴를 막기 위한 규칙을 지키기로 약속했지만, 안타깝게도 실제로 전쟁이 일어나면 이 같은 규칙들이 쉽게 무시되곤 합니다.

걸프 전쟁은 1990년 이라크가 쿠웨이트를 공격하면서 시작된 전쟁입니다. 1991년 이라크군은 쿠웨이트의 석유를 채굴하는 시설 약 700개를 파괴하고 불태웠습니다. 그 결과, 하늘은 검은 연기로 뒤덮였고, 바다와 땅으로 약 40억 리터 이상의 기름이 쏟아져 심각한 환경 오염이 일어났습니다. 바다에 퍼진 기름으로 물고기와 새가 죽었고, 불타는 유전에서 나온 독성 물질은 공기와 땅을 오염시켰습니다. 이 사건은 전쟁이 사람뿐만 아니라 자연에도 큰 피해를 입힐 수 있다는 것을 보여 준 대표적인 사례입니다.

전쟁에서의 승리를 위해 자연을 희생해도 된다는 생각은 잘못된 것이며, 그 결과는 결국 우리 모두의 삶과 미래를 무너뜨리는 일입니다.

도전! 활동하기

- 환경을 지키는 전쟁 규칙 만들기
- 전쟁으로 환경이 파괴된 사례 조사하기
- 전쟁이 일어난 지역에 살고 있는 야생 동물을 주인공으로 이야기 만들기
- 전쟁 중 환경 파괴를 알리는 포스터 만들기
- 우리나라 DMZ에 살고 있는 야생 동물 조사하기

환경에 영향을 주는 과학의 발전

#환경 오염 #기후 위기 #지속 가능성 #____________

현재 우리는 과학의 발전 덕분에 편리하고 풍요로운 삶을 누리고 있습니다. 질병을 치료하는 의약 **기술**, 풍부한 식량을 생산하는 농업 기술, 먼 곳과 소통할 수 있는 통신 기술, 깨끗한 물과 공기를 유지하기 위한 환경 기술 등은 모두 과학이 가져온 성과입니다. 하지만 과학 기술을 잘못 사용하거나 새로운 과학 기술이 가져올 결과를 신중하게 **고려**하지 않으면 예상치 못한 문제가 일어나기도 합니다. 과학 기술이 빠르게 발전할수록 그 영향력과 책임도 함께 커지고 있습니다. 특히 과학이 환경에 미치는 영향은 더욱 신중히 생각해 봐야 합니다.

과학은 환경을 보호하고 회복시킬 수도 있지만, 반대로 파괴할 수도 있습니다. 예를 들어, 태양과 바람을 이용한 재생 에너지 기술은 환경 오염을 개선하는 데 큰 역할을 했습니다. 반면 과학의 발전으로 탄생한 플라스틱은 우리의 삶을 편리하게 만들었지만, 오늘날 지구를 뒤덮은 쓰레기 문제로 큰 골칫거리가 되었습니다. 또한 과학 기술의 발전 덕에 산업과 교통수단이 빠르게 발전하는 과정에서 사용된 화석 연료는 기후 위기를 불러오며 인류의 생존을 위협하고 있습니다.

과학 기술을 올바르게 사용하고 더 나은 미래를 만들기 위해서는 과학자들뿐 아니라 우리 모두의 관심과 고민이 필요합니다. 과학이 주는 혜택을 누리는 동시에 그 **이면**의 문제를 함께 고민하고 해결하려는 노력이 중요하지요. 평화와 발전을 위한 세계 과학의 날은 과학이 인류와 환경을 모두 지키며, 평화롭고 지속 가능한 세상을 만드는 힘이 되도록 함께 생각하고 성찰하는 의미 있는 날입니다.

어휘가 쑥쑥

단어의 뜻을 살펴보고, 주어진 자음과 모음을 조합해 단어를 만들어 봅시다.

① 과학 이론을 실제로 적용하여 사물을 인간 생활에 유용하도록 가공하는 수단.

② 어떤 일을 결정하거나 행동하기 전에 여러 가지 상황이나 조건을 생각하고 헤아림.

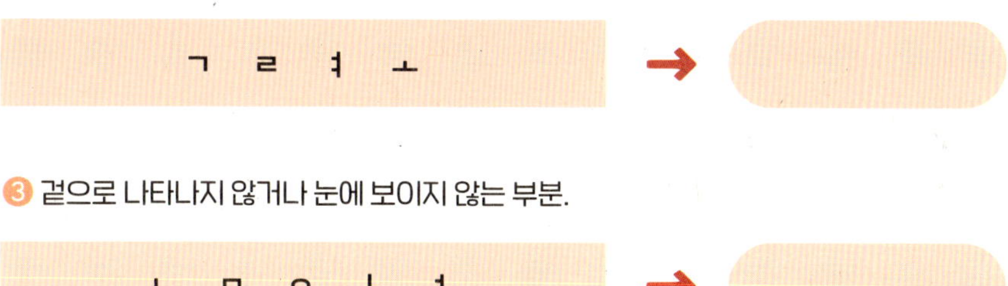

③ 겉으로 나타나지 않거나 눈에 보이지 않는 부분.

생각이 쑥쑥

① 과학은 우리의 생활을 어떻게 변화시켰나요?

② 과학이 환경에 미치는 영향은 무엇인가요?

③ 새로운 과학 기술을 활용하기 전에 고려해야 할 점에는 어떤 것들이 있을까요?

④ 과학 기술로 환경 문제를 모두 해결할 수 있을까요? 그 이유는 무엇인가요?

기념일 배경

'평화와 발전을 위한 세계 과학의 날'은 2001년 유네스코가 만든 세계적인 기념일입니다. 이날은 1999년 헝가리에서 열린 세계 과학 회의에서 과학이 인류의 발전과 평화를 위해 올바르게 사용되어야 한다는 논의를 바탕으로 정해졌습니다. 더 나은 미래를 만드는 데 과학이 중요한 역할을 하며, 과학의 혜택을 모두가 공평하게 누려야 한다는 점을 되새기는 날입니다.

타임라인

1945년	1972년	2002년
과학, 교육, 문화의 전 세계적인 협력을 위해 유네스코가 설립되었습니다.	유엔의 '인간 환경 회의'에서 나라들이 모여 환경 문제를 해결하기 위해 과학과 기술이 어떤 역할을 할 수 있을지 토의했습니다.	11월 10일, 제1회 '평화와 발전을 위한 세계 과학의 날'이 기념되었습니다.

더 읽을 거리 1 환경을 살리는 과학 기술

현재 과학의 발전으로 환경을 보호하고 회복시킬 수 있는 다양한 기술이 개발되고 있습니다. 예를 들어, 탄소 포집 기술은 공장이나 발전소에서 나오는 이산화 탄소를 땅속에 저장해 대기 중의 온실가스를 줄이는 데 효과적입니다. 생분해성 플라스틱은 일반 플라스틱보다 빠르게 자연에서 분해되어 쓰레기 문제 해결에 도움이 됩니다. 오염 물질을 배출하지 않으면서 안전하게 전기를 만들 수 있는 친환경 발전 기술도 꾸준히 개발되고 있습니다. 최근에는 인공지능을 활용하여 산불이 나지 않도록 감시하거나 사람들의 정확한 분리배출을 돕는 기술 등이 개발되어 사용되고 있습니다.

더 읽을 거리 2 지구 공학으로 지구를 구할 수 있을까?

과학자들은 기후 위기 문제를 해결하기 위해 다양한 방법을 고민하고 있습니다. 그중 하나가 바로 지구 공학(Geoengineering)입니다. 지구 공학이란 기후 변화의 문제 해결을 위해 과학 원리 활용으로 지구의 자연환경을 인공적으로 조작하거나 변화시키는 기술입니다. 이를테면 태양 빛을 반사하는 거대한 시설을 설치해 지구를 덜 뜨겁게 만들거나, 대기 중의 이산화 탄소를 직접 없애는 방법이 연구되고 있습니다. 바다에 철을 뿌려 플랑크톤이 잘 번식하도록 해 더 많은 이산화 탄소를 흡수하게 하는 방법도 있습니다.

이 같은 지구 공학을 반대하는 사람들도 있습니다. 이 기술이 실제로 효과가 있을지 확신할 수 없고, 예상치 못한 다른 문제를 일으킬 수도 있기 때문입니다. 예를 들어, 태양 빛을 막으면 지구는 시원해질 수 있지만, 식물이 자라는 데 필요한 빛이 부족해질 수도 있습니다. 지구 공학 기술은 지구 전체에 영향을 미치기 때문에 어떤 나라의 결정으로 이런 기술을 사용하고 책임져야 하는지도 중요한 문제입니다.

도전! 활동하기

- 과학 기술이 환경을 파괴한 사례 조사하기
- 환경을 보호하는 과학 기술의 사례 조사하기
- 과학이 환경 문제를 모두 해결할 수 있을지 토론하기
- 환경 문제를 해결할 수 있는 발명품 아이디어 스케치하기
- 과학이 발전된 미래 모습을 상상하여 그림으로 표현하기
- 새롭게 개발되길 바라는 과학 기술 떠올리기

바다의 미래를 지키는 지속 가능한 어업

#생태계 #지속 가능성 #__________

고등어, 새우, 오징어, 김 같은 수산물은 우리의 식탁을 풍성하게 만들어 주는 소중한 자원입니다. 유엔 식량 농업 기구의 보고서에 따르면, 세계적으로 수산물 소비는 꾸준히 증가하여 2022년 기준으로 1인당 연간 약 20킬로그램 이상을 소비한다고 합니다. 수산물 소비가 꾸준히 늘어나는 것과는 반대로, 바다에서 잡아 올릴 수 있는 수산물은 점점 줄어들고 있습니다. 이대로라면 머지않은 미래에는 수산물을 즐길 수 없게 될지도 모릅니다.

수산물이 줄어드는 데는 여러 원인이 있습니다. 가장 큰 이유는 늘어나는 수산물 **수요**를 맞추기 위해 어부들이 지나치게 많은 물고기를 잡기 때문입니다. 특히 어린 물고기까지 무분별하게 잡는 행위는 물고기가 번식할 기회를 잃게 하여 개체 수를 더욱 빠르게 줄어들게 만듭니다. 게다가 기후 위기로 인해 바다의 온도가 상승하면서 생태계의 균형이 무너져 점점 바다 생물들이 살아가기 어려운 환경이 되고 있습니다.

지금까지와 같은 방식의 어업은 **지속** 가능하지 않습니다. 지속 가능성이란 특정한 상태를 오랫동안 유지할 수 있는 능력을 뜻하며, 바다의 자원인 수산물을 오래도록 지키기 위해서는 지속 가능한 어업이 필수적입니다. 이를 위해 물고기가 알을 낳거나 새끼를 키우는 시기를 **금어기**로 정하고, 어린 물고기를 잡는 것을 제한하고 있습니다. 또한 너무 많은 물고기를 잡지 않도록 잡을 수 있는 수산물의 양을 정해 두는 등의 노력을 하고 있습니다.

어휘가 쑥쑥

기사에 나온 단어의 뜻과 예문을 살펴보고, 그 단어를 사용해 간단한 문장을 만들어 봅시다.

1 **수요(需 구할 수, 要 중요할 요)**

- 어떤 물건이나 서비스에 대한 사람들의 필요나 욕구.

예문) 탄소 배출을 하지 않는 전기차에 대한 수요가 증가하고 있다.

2 **지속(持 가질 지, 續 이을 속)**

- 어떤 상태가 오래 계속됨.

예문) 강한 바람이 이틀 동안 지속되면서 항공기 운항이 취소되었다.

3 **금어기(禁 금할 금, 漁 고기잡을 어, 期 기약할 기)**

- 물고기의 번식과 보호를 위하여 고기잡이를 하지 못하도록 하는 일정한 기간.

예문) 금어기를 지키지 않으면 처벌을 받는다.

생각이 쑥쑥

1 수산물은 우리에게 왜 중요한 자원일까요?

2 수산물이 줄어드는 원인에는 어떤 것들이 있나요?

3 잡을 수 있는 수산물이 사라지면 어떤 일이 발생할까요?

4 지속 가능한 어업이 이루어지는 바다는 어떤 모습일까요?

기념일 배경

'세계 어업의 날'은 1997년 인도 델리에서 열린 세계 어업 회의에서 사람들이 수산물을 잘 관리하고, 바다 생태계를 보호해야 한다는 것을 알리기 위해 제정되었습니다. 매년 이날이 되면 여러 나라에서 지속 가능한 어업을 알리고 바다 생태계를 지키기 위한 다양한 캠페인과 활동이 열립니다. 바다는 어느 한 나라만의 것이 아닙니다. 전 세계가 모두 연결되어 있기 때문에 모든 나라가 함께 노력해야 합니다.

타임라인

1997년	2015년	2017년
11월 21일 첫 번째 세계 어업의 날이 전 세계적으로 기념되었습니다.	유엔은 지속 가능한 발전을 위해 '수산물 같은 수산 자원을 오래도록 지키는 것'을 중요한 목표로 정했습니다.	전 세계 수산물 소비가 증가하여 1인당 연간 수산물 소비량이 처음으로 20킬로그램을 넘었습니다.

더 읽을 거리 1 물고기를 싹쓸이하는 저인망 어업

저인망 어업은 바다 밑바닥을 따라 그물을 끌어 수산물을 대량으로 잡아 올리는 어업 방식입니다. 이 방법은 짧은 시간에 많은 양의 물고기를 한 번에 잡을 수 있어 경제적으로 효율적이지만, 바다 생태계를 위협하는 파괴적인 어업 방식입니다. 저인망은 바다 밑바닥에 사는 물고기뿐만 아니라 산호초, 해초, 그리고 다른 바다 생물들까지 무차별적으로 싹쓸이하며 생태계를 파괴합니다.

더 읽을 거리 2

유령 어업의 위험성

어업 활동 중 버려지거나 잃어버린 그물, 낚싯바늘, 밧줄 등의 어구가 바닷속에 남아 바다 생물들을 계속해서 잡아들이기도 합니다. 사람이 없는 데도 물고기를 잡아들인다고 하여 이러한 현상을 유령 어업이라고도 부릅니다. 유령 어업으로 어구에 갇히게 된 작은 물고기들이 미끼 역할을 하여 바다거북, 상어, 돌고래와 같은 더 큰 바다 생물들까지 그물에 잡힙니다. 이렇게 잡힌 생물들은 식량 자원으로 쓰이지도 못한 채 아무 의미도 없이 죽게 됩니다.

▲ 바닷속으로 가라앉은 폐그물

매년 수십만 톤의 어구가 버려져 수많은 바다 생물들이 피해를 입고 있습니다. 유령 어업을 줄이기 위해 사용한 어구를 꼭 수거하고, 환경친화적인 어구를 개발하려는 노력이 필요합니다.

도전! 활동하기

- 지속 가능한 어업 규칙 조사하기
- 지속 가능한 어업을 위한 새로운 규칙 만들기
- 유령 어업을 막을 수 있는 창의적인 발명품 설계하기
- 어구를 바다에 버리지 않도록 당부하는 편지 쓰기

소비를 멈추고 지구를 생각하는 하루

#환경 문제 #자원 순환 #친환경 행동 #__________

현대 사회는 **소비**를 끝없이 부추깁니다. 기업들은 새로운 물건을 사면 행복해질 수 있을 것처럼 광고하며, 다양한 할인 행사와 **마케팅**으로 소비자들을 유혹하지요. 특히 11월의 마지막 주 금요일인 블랙 프라이데이(Black Friday)는 전 세계적으로 열리는 대규모 할인 행사의 날입니다.

블랙 프라이데이는 필요하지 않은 물건까지 사게 만듭니다. 이와 같은 과소비는 잠깐의 만족감을 줄 수도 있겠지만, 환경에 심각한 **악영향**을 미칩니다. 물건을 만드는 데는 많은 자원과 에너지가 **소모**되니까요. 이 과정에서 온실가스가 배출되며 기후 위기를 일으킵니다. 물건 배송 과정에서도 많은 온실가스가 발생하며, 상품의 **파손**을 막기 위해 사용되는 과도한 포장재는 쓰레기 문제를 **악화**시키지요. 할인할 때 **충동적**으로 구매한 물건들은 쉽게 버려지곤 합니다. 이 때문에 쓰레기 문제 역시 심각해지고 있습니다.

물건의 가격에는 환경 파괴의 값이 포함되어 있지 않습니다. 단순히 할인된 가격만 보고 구매하지 말고, 물건이 만들어지고 버려지는 과정에서 환경에 미치는 영향을 고민해야 합니다. 무엇보다 중요한 것은 불필요한 물건을 사지 않는 것입니다. 물건을 구매하기 전에 정말 필요한지, 기존의 물건으로 대체할 수 있는지 고민해야 합니다. 꼭 필요한 물건만 사는 작은 실천이 지구를 지키는 큰 변화를 여는 **마중물**이 됩니다.

어휘가 쏙쏙

기사에 나온 단어들로 십자말풀이를 해 봅시다.

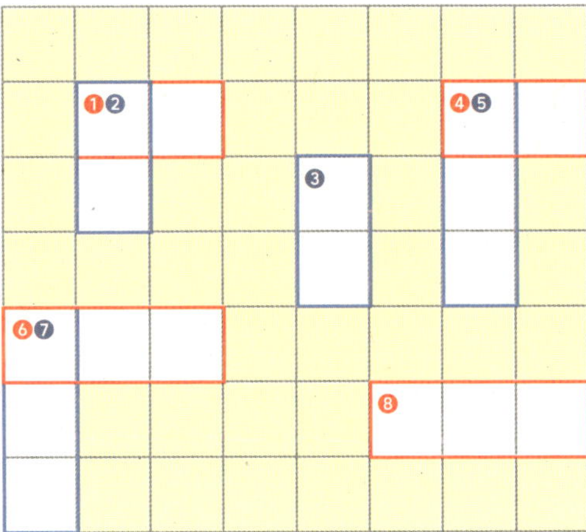

1. 돈이나 물건, 시간, 에너지 등을 써서 없앰.
2. 쓰거나 사용해서 점점 줄어듦.
3. 물건이 부서지거나 손상됨.
4. 상태가 나빠짐.
5. 나쁜 영향.
6. 상품이나 서비스를 소비자에게 알리고 팔기 위한 모든 활동.
7. 작은 도움이나 시작이 더 큰 변화를 이끌어 내는 계기.
8. 깊이 생각하지 않고 순간적으로 하고 싶은 대로 행동하는 것.

생각이 쏙쏙

1. 과소비는 환경에 어떤 영향을 주나요?
2. 대규모 할인 행사가 소비자에게 주는 장단점은 무엇일까요?
3. 평소 내가 물건을 사게 되는 이유는 무엇인가요?
4. 불필요한 물건 구매를 줄이기 위해 내가 실천할 수 있는 방법에는 무엇이 있을까요?

기념일 배경

'아무것도 사지 않는 날'은 소비가 환경에 미치는 영향을 되돌아보자는 의미로 만든 기념일입니다. 1992년, 캐나다에서 광고 일을 하던 테드 데이브는 자신이 만든 광고가 사람들에게 과도한 소비를 일으킨다는 문제의식을 느끼고 이 같은 기념일을 제안했습니다. 처음에는 9월에 기념되었지만, 사람들이 물건을 많이 사는 시기인 블랙 프라이데이에 맞춰 날짜를 11월 마지막 주 금요일로 옮겼습니다. 일부 나라에서는 11월 마지막 주 토요일에 기념하기도 합니다.

대부분의 기업은 블랙 프라이데이를 물건을 많이 팔 수 있는 중요한 기회로 여깁니다. 그런데 오히려 블랙 프라이데이에 물건을 팔지 않는 기업들도 있습니다. 이들은 블랙 프라이데이를 환경을 생각하는 날로 바꾸고자 합니다. 이를테면 한 유명 패션 브랜드는 블랙 프라이데이에 매장을 열지 않고 직원들에게 환경 보호 활동에 참여할 기회를 제공합니다. 이런 기업들은 고객들에게도 새로운 제품의 구매보다 기존 제품의 수리나 재사용을 권합니다. 2주 동안 자신들의 제품을 사용할 수 있도록 빌려주기도 하지요. 또 다른 브랜드는 블랙 프라이데이에 수익 일부를 환경 보호 단체에 기부하거나 구매 대신 환경에 대한 메시지를 전달하는 캠페인을 펼치기도 합니다.

타임라인

1980년대	1997년	1999년
블랙 프라이데이가 세계적인 대규모 할인 행사로 자리 잡기 시작했습니다.	'아무것도 사지 않는 날'이 9월에서 11월로 변경되었습니다.	우리나라 환경 단체를 통해 우리나라에서도 '아무것도 사지 않는 날'이 기념되었습니다.

더 읽을 거리 1 가끔 필요한 물건은 사지 말고 빌리세요

가끔만 사용하는 물건이라면 꼭 사지 않아도 됩니다. 각 지역의 행정 복지 센터에서는 지역 주민을 대상으로 생활 공구, 의료 기기, 안전 장비 등을 무료 또는 적은 금액으로 빌려주는 서비스를 제공하고 있습니다. 취업 면접을 앞둔 청년들에게 정장을 빌려주는 공유 옷장 서비스도 마련되어 있지요. 이처럼 가끔만 사용할 물건은 사기보다 빌리는 편이 경제적이고 자원도 절약할 수 있는 똑똑한 선택입니다.

더 읽을 거리 2 적게 가져 더 행복한 미니멀 라이프

최근에는 반드시 필요하거나 좋아하는 물건만 가지고 살아가는 미니멀 라이프가 인기를 얻고 있습니다. 미니멀 라이프란 불필요한 소비를 줄이고, 소중한 것에 집중하려는 삶의 방식입니다. 미니멀 라이프는 환경 보호에도 큰 도움이 됩니다. 물건을 덜 사면, 물건을 만드는 데 필요한 자원인 나무, 물, 금속 등을 덜 사용하게 되니까요. 꼭 필요한 물건만 사기 때문에 불필요한 물건을 쉽게 버리지 않으면서 쓰레기 처리 과정에서 발생하는 환경 오염도 감소합니다.

도전! 활동하기

- 하루 동안 아무것도 사지 않기
- 일주일 동안 구매한 물건과 구매 이유 기록하고 성찰하기
- 내 방에서 사용하지 않는 물건들 확인하기
- 사용하지 않는 물건들을 친구들과 나누기
- 물건을 구매하기 전 확인할 질문들 만들기
- 내가 가장 오래 사용한 물건을 생각해 보고, 그 물건의 소중함을 이야기하기

희망을 노래하는 12월

12월은 한 해를 마무리하며 그동안 있었던 일들을 되돌아보고, 더 나은 새해를 꿈꾸는 달입니다. 12월을 맞아, 그동안 살펴본 환경 문제들을 되돌아봅시다. 기후 위기, 생물 다양성의 감소, 플라스틱 쓰레기 문제처럼 다양한 원인이 복잡하게 얽혀 있는 환경 문제들은 쉽게 해결될 수 없습니다. 그러나 모든 변화는 작은 관심과 실천에서 시작됩니다. 한 사람, 한 지역의 노력이 모이고 이어지면 세상은 분명 달라질 것입니다.

우리의 작은 실천과 연대는 더 나은 지구를 향한 큰 걸음이 될 수 있습니다. 따뜻한 연대의 힘으로 지구 가족의 구성원인 모든 생명체가 행복하고 건강하게 살아갈 수 있도록 노력하며, 다가올 새해를 향해 희망을 노래해 봅시다.

12/2	12/3	
세계 오염 방지의 날	**소비자의 날**	세계 코아티*의 날

12/4		12/5
야생 동물 보호의 날	세계 치타의 날	세계 토양의 날

12월 첫째 주 금요일	12/7	12/10
인조 모피의 금요일	**태안 기름 유출 사고의 날**	세계 동물 권리의 날

12/14	12/20	
세계 원숭이의 날	**세계 인류 연대의 날**	

* 너구리과 동물로 귀여운 외모와 긴 코를 가진 파충류의 천적이자 숲의 파수꾼.

지구를 위한 현명한 소비자의 선택

#친환경 행동 #__________

우리가 살아가기 위해 꼭 필요한 물건들이 많습니다. 불필요한 물건을 구입하지 않는 것만큼 '어떤 물건을 선택해야 할지'도 중요합니다. 소비자는 원하는 물건을 구매할 **권리**를 가지고 있으며, 그 과정에서 환경과 사회에 미치는 영향을 고려할 **책임**이 있습니다. 소비자의 날은 우리가 소비자로서 어떤 권리와 책임을 가지고 있는지를 돌아보고, 더 나은 선택을 할 수 있도록 돕는 날입니다.

소비자는 물건을 선택할 권리뿐 아니라 제품에 관한 정보를 투명하게 제공받을 권리도 있습니다. 예를 들어, 구매하려는 물건이 어디에서 어떤 재료로 만들어졌는지, 환경에 얼마나 영향을 주었는지를 알 수 있어야 합니다. 기업에 의견을 제시하고 **요구**할 권리 역시 소비자의 중요한 힘입니다. 이러한 권리를 통해 소비자는 기업이 환경에 도움이 되는 물건을 생산하도록 촉구할 수 있습니다.

현명한 소비자는 자신의 선택에 따른 책임도 깊이 고민합니다. 환경을 생각한 선택들이 모여 자원을 절약하고, 기업의 생산 방식을 바꾸며, 지속 가능한 세상을 만드는 힘이 됩니다.

친환경 소비 습관

① 일회용품 대신 재사용 가능한 제품을 구입하여 여러 번 사용하기

② 가까운 지역에서 만들어진 제품 선택하기

③ 물건이 만들어질 때 환경에 나쁜 영향이 적은 친환경 인증을 받은 제품 선택하기

④ 불필요한 포장이 적거나 없는 제품 선택하기

⑤ 재활용이 가능한 용기에 든 제품 선택하기

⑥ 고장이 났을 때 쉽게 수리가 가능한 제품 선택하기

어휘가 쏙쏙

사다리 타기를 통해 단어의 뜻을 확인해 봅시다.

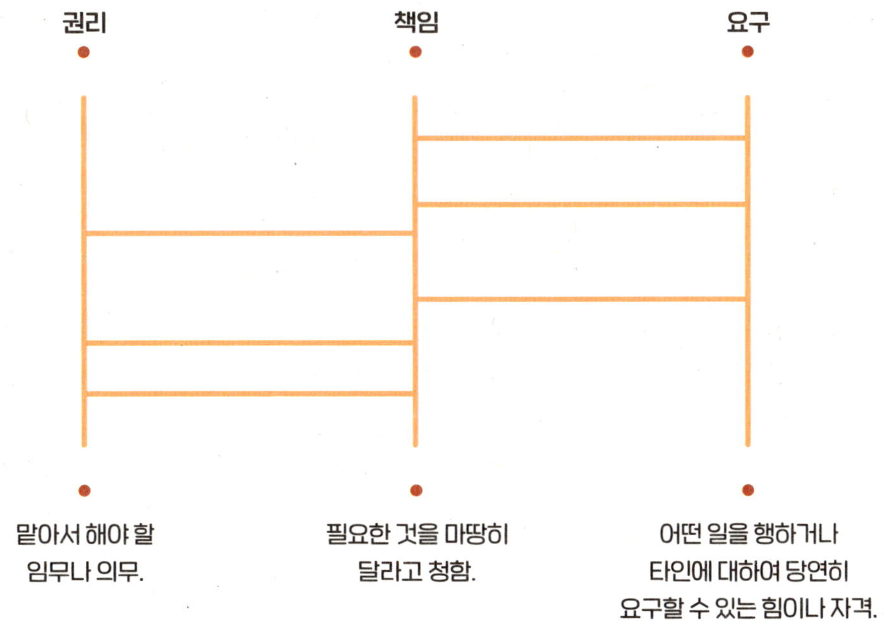

맡아서 해야 할 임무나 의무.

필요한 것을 마땅히 달라고 청함.

어떤 일을 행하거나 타인에 대하여 당연히 요구할 수 있는 힘이나 자격.

생각이 쏙쏙

1. 소비자는 어떤 권리와 책임을 가지나요?
2. 환경을 고려하기 위해 소비자는 어떤 점을 고려하면 좋을까요?
3. 왜 우리는 환경을 생각하는 소비를 해야 하나요?
4. 환경을 생각하는 소비자가 많아지면 기업은 어떻게 변화할까요?

기념일 배경

'소비자의 날'은 소비자의 권리를 지키고 소비자 문제에 대해 모두가 관심을 가지도록 유도하기 위해 만들어진 날입니다. 우리나라에서는 1979년 12월 3일 소비자를 보호하기 위한 법이 처음으로 만들어졌는데, 이를 기념하기 위해 민간 소비자 단체가 1982년부터 12월 3일을 '소비자의 날'로 정했습니다. 이후 1996년에는 우리나라의 공식적인 기념일이 되었지요. 이날은 소비자가 자신이 가진 권리와 책임을 배우며, 현명한 소비 습관을 만들어 가는 데 도움을 주는 중요한 날입니다.

타임라인

1962년	1996년	2007년
미국의 존 F. 케네디 대통령이 소비자의 4대 권리, '안전할 권리, 알 권리, 선택할 권리, 의견을 반영할 권리'를 선언했습니다.	소비자의 날이 우리나라의 공식적인 법정 기념일로 지정되었습니다.	1979년에 만들어진 '소비자보호법'이 '소비자기본법'으로 개정되며 소비자 권리와 보호에 대한 내용이 강화되었습니다.

더 읽을 거리 1 그린워싱 제품에 속지 않기

그린워싱 제품이란 겉으로는 친환경적인 것처럼 보이지만, 실제로는 그렇지 않은 제품을 말합니다. 예를 들어, '100퍼센트 자연 원료'나 '친환경'이라는 문구를 내세우지만, 구체적인 인증이나 근거가 부족한 경우가 있습니다. 이런 제품에 속지 않으려면 친환경 인증 마크를 확인하고, 제품의 성분표와 제조 과정을 꼼꼼히 살펴보는 것이 중요합니다.

더 읽을 거리 2 환경을 생각하는 적극적인 소비자, 프로슈머

'프로슈머(Prosumer)'란 생산자(Producer)와 소비자(Consumer)를 합친 단어입니다. 단순히 물건을 구매하는 데 그치지 않고 제품 개발에 아이디어를 내거나 생산 과정에 적극적으로 참여하는 소비자를 뜻하지요. 예전에는 주로 기업이 제품을 만들고 소비자는 이미 만들어진 제품을 구매하는 구조였지만, 이제는 소비자들이 적극적으로 목소리를 내고 기업과 함께 제품을 만들어 가는 시대가 되었습니다.

최근에는 환경을 생각하는 프로슈머가 점점 많아지고 있습니다. 이들은 제품의 가격과 성능만 보는 것이 아니라, 그 제품이 환경에 미치는 영향까지 꼼꼼하게 살펴보고 친환경적인 변화를 기업에 제안합니다. 예를 들어, 제품을 친환경 소재로 만들거나 재활용이 가능한 포장재를 사용하도록 요청하는 것입니다.

실제로 2021년, 우리나라 어린이들이 우유 팩에 함께 붙어 있는 일회용 플라스틱 빨대를 없애 달라며 기업에 편지를 보냈습니다. 빨대를 사용하지 않아도 우유를 충분히 잘 마실 수 있다는 점을 강조하며, 사용하지 않은 일회용 플라스틱 빨대 약 1,200개를 모아 기업에 전달했지요. 기업은 이러한 요구를 받아들여 일회용 플라스틱 빨대를 없앤 우유 제품을 만들었습니다.

도전! 활동하기

- 친환경 제품을 만드는 기업 조사하기
- 기업에 친환경 제품을 만들 수 있는 의견 제시하기
- 환경을 지키는 나만의 소비 규칙 만들기
- 주변에서 그린워싱 제품이나 마케팅 찾아내기
- 집에 있는 물건 중 친환경 인증 마크가 있는 제품 찾아보기

야생 동물을 위한 따뜻한 마음

#야생 동물 #공존 #환경 윤리 #__________

우리가 사는 지구에는 자유롭게 살아가는 수많은 야생 동물이 있습니다. 그러나 사람들이 자연을 파괴하고 환경을 오염시키면서 살 곳을 잃은 야생 동물도 늘어나고 있지요. 사람들의 불법 밀렵이나 동물 찻길 사고 등으로 인해 생존에 위협을 받는 야생 동물이 많습니다. 이렇듯 사람들이 야생 동물을 어려움에 빠뜨리기도 하지만, 동시에 야생 동물을 구하고 보호하기 위해 따뜻한 마음으로 노력하는 것도 바로 사람들입니다.

전 세계 곳곳에는 야생 동물 보호를 위해 **헌신**하는 사람들이 있습니다. 연구자들은 야생 동물이 건강하고 행복하게 살아갈 방법을 연구합니다. 공무원들은 불법 사냥과 거래를 **단속**하고 보호 구역을 지정하는 등 야생 동물 보호를 위한 **제도**를 마련하고 실행합니다. 동물 보호 단체들은 야생 동물의 서식지를 복원하고 위험에 처한 야생 동물 구조 활동에 앞장서고 있습니다.

일반 시민들도 야생 동물을 위해 따뜻한 마음을 나눕니다. 동물 보호 단체를 **후원**하거나 야생 동물을 구조하고 보호하는 봉사 활동에 직접 참여하기도 합니다. 지구를 건강하고 깨끗하게 지키기 위해 일상생활 속에서 노력하는 것 또한 야생 동물을 위한 중요한 실천입니다. 야생 동물은 오염되고 파괴된 환경에서는 살아가기 어렵기 때문이지요. 즉, 지구를 지키는 일은 곧 야생 동물을 지키는 일이기도 합니다. 이렇듯 여러 사람의 따뜻한 마음과 노력이 모여 전 세계 야생 동물들에게 새로운 희망을 전해 주고 있습니다.

어휘가 쑥쑥

단어의 뜻을 살펴보고, 알맞은 한자를 골라 O로 표시해 봅시다.

1 몸과 마음을 바쳐 있는 힘을 다함.

헌		신	
憲 법 헌	獻 바칠 헌	身 몸 신	新 새 신

2 법이나 규칙을 잘 지키도록 살피고 잘못된 것을 바로잡는 것.

단		속	
團 둥글 단	短 짧을 단	束 묶을 속	速 빠를 속

3 뒤에서 도와줌.

후		원	
後 뒤 후	嗅 맡을 후	元 으뜸 원	援 도울 원

생각이 쑥쑥

1 야생 동물이 어려움에 처한 이유는 무엇인가요?

2 야생 동물을 돕기 위해 사람들이 어떤 노력을 하고 있나요?

3 사람들이 야생 동물을 보호하기 위해 노력하는 이유는 무엇일까요?

4 내가 일상에서 야생 동물을 보호하기 위해 할 수 있는 일에는 어떤 것이 있을까요?

기념일 배경

'야생 동물 보호의 날'은 2012년에 미국의 정치인 힐러리 클린턴이 처음으로 제안한 기념일입니다. 클린턴은 야생 동물 밀렵과 같은 불법 활동에 대한 인식을 높이고 야생 동물 보호의 중요성을 알리기 위해 이 기념일을 만들자고 제안했지요. 여러 동물 보호 단체가 이 기념일을 적극적으로 지원하며, 사람들에게 야생 동물 보호를 위한 다양한 활동에 참여하도록 촉구하고 있습니다. 매년 12월 4일, '야생 동물 보호의 날'은 세계 여러 사람이 함께 힘을 모아 야생 동물의 보호 방법을 생각하고 실천하는 특별한 날입니다.

타임라인

1900년	2012년	2016년
야생 동물 밀렵과 불법 거래를 금지하는 최초의 법이 미국에서 만들어졌습니다.	힐러리 클린턴에 의해 '야생 동물 보호의 날'이 처음으로 제안되었습니다.	세계 자연 기금(WWF)과 같은 환경 단체들이 야생 동물 보호의 날을 공식적으로 홍보하기 시작했습니다.

더 읽을 거리 1 겨울철이면 문을 여는 독수리 식당

매년 겨울이면 철원, 파주, 거제도 등 우리나라의 몇몇 지역에서는 특별한 '독수리 식당'이 문을 엽니다. 독수리 식당은 겨울철 먹이를 구하기 힘든 독수리들에게 안전하게 먹이를 제공하기 위해 만들어진 곳입니다. 굶주린 독수리들이 많이 모이는 들판에 고기를 놓아 독수리들이 편안히 먹이를 먹을 수 있도록 돕습니다. 독수리 식당은 독수리의 생태를 연구하고 개체 수를 보호하는 데도 큰 역할을 하고 있습니다.

더 읽을 거리 2 야생 동물을 구조하는 방법

도움이 필요한 야생 동물을 발견한다면 어떻게 해야 할까요? 다친 동물이라도 사람이 가까이 가면 놀라 공격할 수 있으니 섣불리 다가가거나 만져서는 안됩니다. 가장 중요한 것은 보호 장비 없이 무리하게 구조를 시도하지 말고, 야생 동물 구조 전문가에게 연락하는 것입니다. 동물을 발견한 지역의 야생 동물 구조 센터로 신고하는 것이 좋지요. 스마트폰으로 지역의 이름과 '야생 동물 구조 센터'를 검색하면 센터의 연락처를 쉽게 확인할 수 있습니다. 신고를 받은 야생 동물 구조 센터의 전문 인력이 다친 동물을 안전하게 구조하고 치료해 다시 자연으로 돌려보냅니다.

야생 동물이 다치지 않았고 일정 시간이 지난 뒤 스스로 이동한다면 신고하지 않아도 괜찮습니다. 특히 어린 동물은 어미가 근처에 있을 가능성이 높기 때문에 4~6시간 멀리서 지켜본 뒤에도 어미가 나타나지 않으면 신고하는 것이 좋습니다. 만약 둥지에서 떨어진 어린 새를 발견했다면 장갑을 끼고 조심스럽게 다시 둥지에 올려 주는 것이 안전합니다. 둥지를 찾을 수 없다면 바구니나 상자로 임시 둥지를 만들어 보호할 수도 있습니다. 이후 멀리서 지켜보아 부모 새가 둥지로 오는 것을 확인합니다.

도전! 활동하기

- 도움이 필요한 야생 동물 사례 조사하기
- 야생 동물 보호를 위한 사람들의 노력 조사하기
- 야생 동물 보호를 위한 캠페인 문구 만들기
- 우리 지역의 야생 동물 보호 센터에 대해 알아보기
- 야생 동물을 위해 헌신하는 사람들에게 감사 편지 쓰기

바다를 다시 깨끗하게 만든 협력의 힘

#환경 문제 #환경 오염 #환경 사고 #생태 시민 #__________

2007년 12월 7일은 우리나라의 가장 큰 환경 사고 중 하나였던 '태안 기름 유출 사고'가 일어난 날입니다. 충청남도 태안 앞바다에서 무거운 물체를 옮기는 장비인 크레인과 큰 배가 부딪히면서 많은 양의 기름이 바다로 흘러나왔습니다. 태안 앞바다와 주변의 해변은 검은 기름으로 덮여 오염되었고 어민들은 물고기를 잡지 못해 생계가 어려워졌습니다. 바다에 사는 생물도 큰 피해를 입었습니다. 바다가 본래의 상태로 돌아가는 데 20년 이상이 **소요**될 것으로 예상할 만큼 피해가 컸습니다.

이때 우리나라 사람들은 힘을 모아 놀라운 일을 해냈습니다. 초등학생부터 할머니, 할아버지까지 전국의 많은 사람이 오염된 해변을 복구하기 위해 태안으로 모인 것입니다. 사람들은 집에서 가져온 낡은 옷과 수건으로 기름으로 오염된 바위와 해변을 닦아 냈습니다. 130만 명이 넘는 사람들이 **자원봉사**에 적극적으로 참여한 결과, 사고 발생 1년 만에 태안의 해변은 다시 깨끗한 모습을 되찾았습니다.

환경 문제는 넓은 지역에 걸쳐 영향을 미치기 때문에 한 지역만의 문제가 아니라 모두가 함께 해결해야 할 과제입니다. 태안에서의 기름 유출 사고와 복구 과정을 통해 아무리 어려운 문제라도 사람들이 힘을 모으면 **극복**할 수 있다는 사실을 분명히 확인할 수 있었습니다. 태안에서 130만 명의 사람들이 보여 준 협력은 어려움 속에서도 함께하면 무엇이든 극복할 수 있다는 희망과 교훈을 전해 주었습니다. 이 경험은 현재 우리가 마주한 문제는 물론, 앞으로 발생할 환경 문제 역시 협력의 힘으로 해결할 수 있다는 가능성을 보여 줍니다.

어휘가 쑥쑥

기사에 등장한 단어에 대한 설명을 살펴보고, 해당 단어를 찾아 색칠해 봅시다.

- 필요로 하거나 요구되는 바.
- 어떤 일을 대가 없이 자발적으로 참여하여 도움.
- 어려움이나 문제를 이겨 내고 해결함.

락	노	토	생	두	처	조	이	허
김	자	원	봉	사	곤	호	괄	조
해	생	에	톱	산	나	키	극	힘
정	수	배	어	의	사	품	복	누
이	오	소	요	나	후	부	발	오
한	동	이	들	괴	애	다	이	장

생각이 쑥쑥

1. 바다에서 기름 유출 사고가 일어나면 어떤 피해가 발생할까요?
2. 태안 기름 유출 사고로 인한 피해는 어떻게 빠르게 복구될 수 있었나요?
3. 자원봉사자들은 어떤 마음으로 태안으로 향했을까요?
4. 환경 문제 해결에 많은 사람의 협력이 필요한 이유는 무엇인가요?

기념일 배경

2007년 12월 7일, 삼성중공업의 크레인을 실은 배가 다른 두 배에 끌려가던 중, 강한 바람과 높은 파도로 인해 크레인이 떨어져 나갔습니다. 떨어진 크레인이 기름을 운반하던 '허베이 스피릿호'와 부딪히면서 기름 탱크에 구멍이 났습니다. 그 결과, 약 1,200만 리터의 기름이 바다로 흘러나왔습니다. 이 사고는 우리나라에서 일어난 가장 큰 바다 오염 사고로 기록되었습니다.

타임라인

1995년	2009년	2013년
'씨 프린스호'가 여수 앞바다에서 침몰하며 약 500만 리터의 기름이 유출되는 사고가 있었습니다.	대법원은 삼성중공업과 허베이 스프릿호 양쪽에 '해양오염방지법' 위반으로 유죄를 선고했습니다.	태안 기름 유출 사고로 인한 피해액이 재판을 통해 7,341억 원으로 결정되었습니다.

더 읽을 거리 1 해양 기름 유출로 인한 동식물의 피해

바다에서 일어나는 기름 유출 사고는 물고기, 새, 그리고 다양한 바다 생물의 생존을 심각하게 위협합니다. 기름이 물고기의 아가미를 막아 숨을 쉬기 어려워지고, 바닷새들의 깃털에 기름이 묻으면 물에 뜨는 능력을 잃고 체온을 유지하지 못합니다. 바다 표면이 기름으로 덮이면서 햇빛이 물속 깊이 들어가지 못해 바닷속 플랑크톤과 해초 등의 광합성 생물들이 제대로 살 수 없습니다. 플랑크톤과 해초가 줄어들면 다른 해양 생물들의 먹이 부족으로 이어지지요. 갯벌이나 해안에 흘러든 기름은 게, 조개, 갯지렁이 등 작은 생물들의 서식지를 오염시켜 살기 어렵게 합니다.

더 읽을 거리 2 해양 기름 유출 사고 예방과 대처 방법

해양 기름 유출 사고는 한 번 발생하면 생태계 회복에 수십 년 이상 걸릴 수 있어 예방이 가장 중요합니다. 기름 유출 사고를 예방하기 위해 세계 여러 나라가 함께 만든 약속이 있습니다. 그중 하나가 '해양 오염 방지 협약(MARPOL)'입니다. 기름 유출 사고의 위험을 낮추기 위해 기름이 운반되는 배를 튼튼하게 만들고 안전하게 운반할 수 있도록 정한 약속입니다.

이와 함께 각 나라는 기름 유출 사고가 발생하면 빠르게 대처할 수 있는 계획을 세워야 합니다. 해양 기름 유출 사고가 발생하면, 유출된 기름을 신속히 제거하는 것이 중요합니다. 이를 위해 다양한 복구 기술이 활용됩니다. 사고 현장에서는 먼저 차단막을 펼쳐 기름이 더 퍼지지 않도록 막고, 그 안에 모인 기름을 특수 선박으로 퍼 올려 수거합니다. 바다 위에 떠 있는 기름을 흡착제로 빨아들여 제거하거나, 유처리제를 뿌려 기름을 잘게 분해해 자연적으로 사라지도록 돕습니다. 상황에 따라 기름을 태워 없애는 현장 소각이나 미생물 활동을 촉진해 기름을 분해하는 생물학적 복원 기술도 활용하는 등 여러 기술을 상황에 맞게 조합해 빠르고 안전하게 기름을 제거합니다.

도전! 활동하기

- 태안 기름 유출 사고 복구 현장 사진 검색하기
- 태안 기름 유출 사고 복구에 참여한 자원봉사자가 되었다고 상상하여 일기 쓰기
- 많은 사람의 협력으로 해결된 다른 환경 문제 조사하기
- 환경 문제 해결을 위해 함께 협력하길 촉구하는 포스터 만들기

지구 가족을 위해 연대해요

#공존 #연대 #생태 시민성 #___________

우리는 지구라는 하나의 우주선을 타고 있습니다. 이 우주선에서 벗어날 수는 없습니다. 그러므로 제한된 공간과 자원을 함께 나누며 살아가야 하지요. 자원과 에너지를 지나치게 사용하거나 환경을 오염시키는 것은 우주선의 균형을 깨뜨려 모두를 위험하게 만듭니다.

지구라는 우주선에 함께 타고 있는 우리는 모두 각자의 책임을 다하고 힘을 모아 문제를 해결해야만 안전하고 지속 가능한 미래를 만들 수 있습니다. 이렇게 서로 협력하고 함께 책임을 지며 살아가는 것을 '연대'라고 합니다.

연대는 희망을 만들어 내는 힘이기도 합니다. 기후 위기나 환경 오염 같은 큰 문제들은 한 사람이나 한 나라의 힘만으로는 해결할 수 없습니다. 환경 문제는 함께 세운 목표를 바라보며 서로 돕고 **지지**할 때 변화를 만들어 낼 수 있습니다. 연대는 개인과 개인, 지역과 지역 간의 협력으로 시작하여 점점 더 **확장**되어야 합니다. '우리나라'라는 테두리를 넘어 전 세계 사람들과 연대하여야 합니다.

연대는 인간만을 위한 것이 아닙니다. 지구에는 인간뿐만 아니라 수많은 동식물이 함께 살아가고 있습니다. 하지만 우리는 종종 인간 중심적인 생각으로 다른 동식물들을 **소외**시켜 왔습니다. 사람들만 잘 살기 위해 서로 협력하고 보살필 것이 아니라, 지구에 사는 모든 생명체를 존중하고 배려해야 합니다. 동식물을 포함한 모든 지구 가족이 건강하고 행복하게 공존할 수 있도록 함께 노력하는 것, 그것이야말로 진정한 연대의 모습입니다.

어휘가 쑥쑥

다음 암호표를 보고 알맞은 영어 단어를 찾아봅시다.

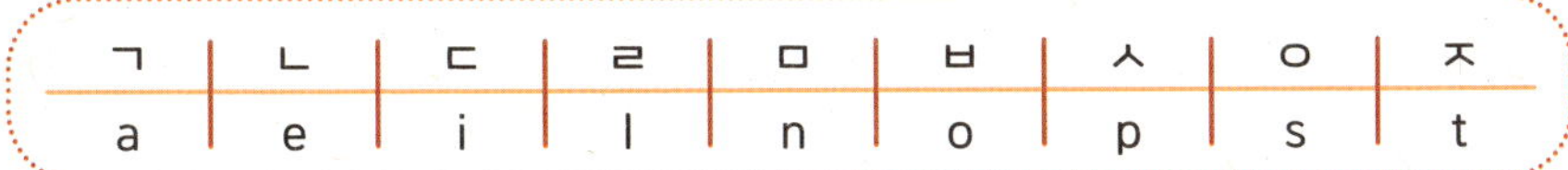

ㄱ	ㄴ	ㄷ	ㄹ	ㅁ	ㅂ	ㅅ	ㅇ	ㅈ
a	e	i	l	n	o	p	s	t

① **지지:** 어떤 사람이나 의견, 행동을 옳다고 생각하여 힘을 보탬.

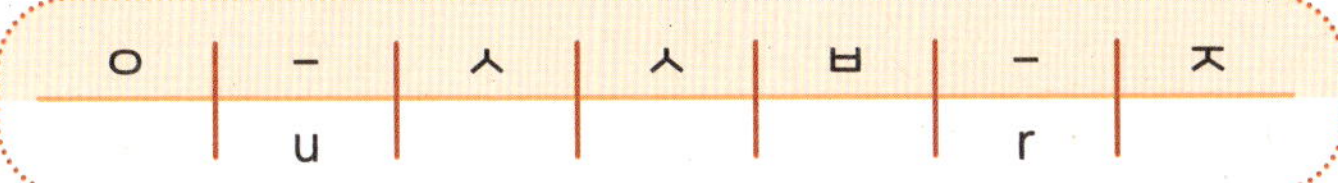

ㅇ	ㅡ	ㅅ	ㅅ	ㅂ	ㅡ	ㅈ
	u				r	

② **확장:** 어떤 것의 크기, 범위, 영향 등을 더 크게 넓힘.

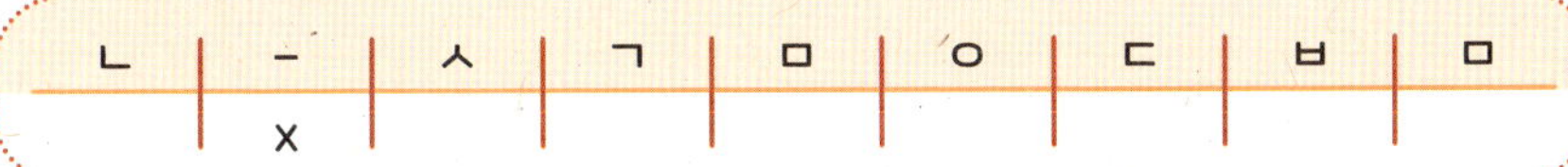

ㄴ	ㅡ	ㅅ	ㄱ	ㅁ	ㅇ	ㄷ	ㅂ	ㅁ
	x							

③ **소외:** 따돌리거나 관심을 주지 않아 멀어지게 만듦.

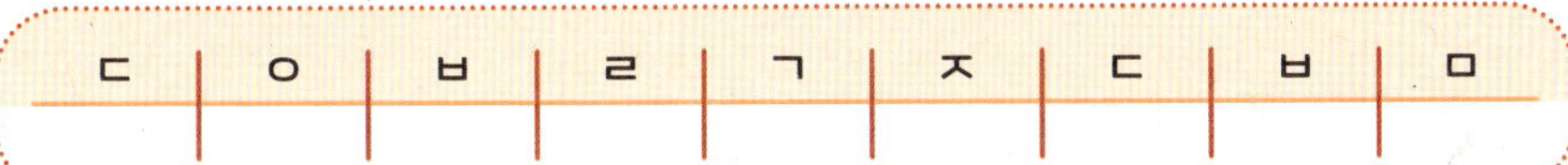

ㄷ	ㅇ	ㅂ	ㄹ	ㄱ	ㅈ	ㄷ	ㅂ	ㅁ

생각이 쑥쑥

① '연대'란 무엇인가요?

② 환경 문제를 해결하기 위해 왜 연대해야 하나요?

③ 사람들의 연대를 어렵게 하는 것에는 어떤 것들이 있을까요?

④ 지구 가족을 위해 연대하려면 개인은 어떤 마음을 지녀야 할까요?

기념일 배경

2005년, 유엔은 지구촌 문제를 함께 힘을 합쳐 해결하자는 의미에서 매년 12월 20일을 '세계 인류 연대의 날'로 지정했습니다. 이날은 빈곤, 불평등, 기후 위기 등 전 세계가 마주한 중요한 문제들을 연대와 협력을 통해 해결할 수 있다는 믿음에서 시작되었습니다. 유엔은 연대를 가장 중요한 가치로 내세우며, 전 세계가 모두 힘을 모아야 한다고 제안했습니다. 세계 연대의 날은 개인, 국가, 단체가 모두 협력하여 지구를 위한 공동의 책임을 다하는 데 초점을 맞추고 있습니다.

타임라인

1987년	1992년	2000년
유엔은 '우리 공동의 미래'라는 보고서를 통해 전 세계적인 협력과 연대의 중요성을 강조했습니다.	브라질 리우데자네이루에서 전 세계 185개국 정부 대표단이 모여 지구의 환경 보호를 위해 협력할 것을 논의한 '리우 회의'가 열렸습니다.	유엔은 '연대'를 전 세계 나라들 사이에서 지켜야 할 중요한 원칙 중 하나로 삼았습니다.

더 읽을 거리 1 환경 관련 국제 협약

환경 문제는 한 나라의 힘만으로는 해결하기 어려우므로, 여러 나라가 함께 약속하는 국제 협약이 필요합니다. 온실가스 감축을 위한 약속인 파리 협정, 오존층을 보호하기 위한 몬트리올 의정서, 생물 다양성을 보전하기 위한 생물 다양성 협약 등이 대표적인 환경 관련 국제 협약입니다. 최근에는 플라스틱 오염을 줄이기 위한 국제 플라스틱 협약 논의가 진행되고 있습니다.

더 읽을 거리 2 지구 가족을 위한 연대: 유엔 지속 가능 발전 목표

2015년에 만들어진 유엔의 지속 가능 발전 목표(SDGs)는 지구에 살아가는 모든 생명이 더 나은 삶을 살아가도록 돕기 위해 만들어졌습니다. 목표는 총 17가지로 모두가 가난과 굶주림에서 벗어나고, 건강과 교육을 골고루 누리며, 깨끗한 물과 에너지를 사용할 수 있도록 하겠다는 목적으로 정해졌습니다. 기후 위기 문제의 해결을 위해 노력하고 바다와 육지의 생태계를 지키며, 동식물이 안전하게 살아갈 수 있는 환경을 만드는 것도 이 목표에 포함됩니다. 즉, 이 17가지 목표는 인간뿐 아니라 모든 생명과 자연이 함께 조화를 이루며 살아가도록 하자는 점을 강조합니다.

2030년까지 유엔 지속 가능 발전 목표를 이루기 위해 현재 전 세계 많은 나라가 함께 노력하고 있습니다. 학교에서는 학생들에게 지속 가능한 삶과 공존의 중요성을 가르치고, 기업들은 환경과 사회를 생각하며 책임 있는 경영을 실천하고 있습니다. 개인도 플라스틱 사용 줄이기, 에너지 절약 등 생활 속 실천으로 목표 실현에 동참하고 있습니다. 유엔 지속 가능 발전 목표는 전 세계의 연대를 통해 지구 가족 전체의 행복과 지속 가능한 삶을 꿈꾸는 모두의 공동 프로젝트입니다.

도전! 활동하기

- 사람들과의 연대로 해결해야 할 환경 문제 조사하기
- 환경을 위해 노력하는 단체나 친구들에게 지지와 응원의 메시지를 담은 편지 보내기
- 지역 환경 단체에 방문해 환경 단체의 활동을 배우고 함께 참여하기
- 환경 문제를 주제로 친구들과 함께 연대 방안 토의하기
- 친구들과 연대하여 기후 위기에 대처하기 위한 선언문을 작성하기

정답

1월 1일: 지구 가족의 날

어휘가 쑥쑥

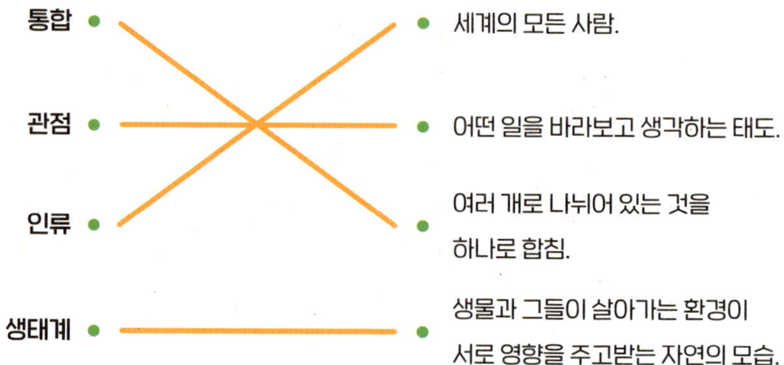

1월 21일: 다람쥐 감사의 날

OX 퀴즈

① O: 딱딱한 것을 많이 갉아먹는 다람쥐는 앞니가 갈려 없어지지 않도록 끊임없이 자랍니다.
② X: 곤충이나 개구리 등의 작은 동물도 먹습니다.
③ X: 야생의 다람쥐는 잡거나 만지지 말아야 합니다.
④ O: 다람쥐의 어원은' ᄃᆞ롬+쥐'로, ᄃᆞ롬은 '달리다'라는 뜻입니다.

어휘가 쑥쑥

1 습성
2 지탱
3 혜택

1월 28일: 세계 이산화 탄소 배출 감축의 날

어휘가 쏙쏙

			❶대	❷기			
❸에				후			
너				변			
❹지	구	❺온	난	❻화			
		실		석			
		가		연			
		스		료		❼배	출

2월 2일: 세계 습지의 날

어휘가 쏙쏙

❶

❷
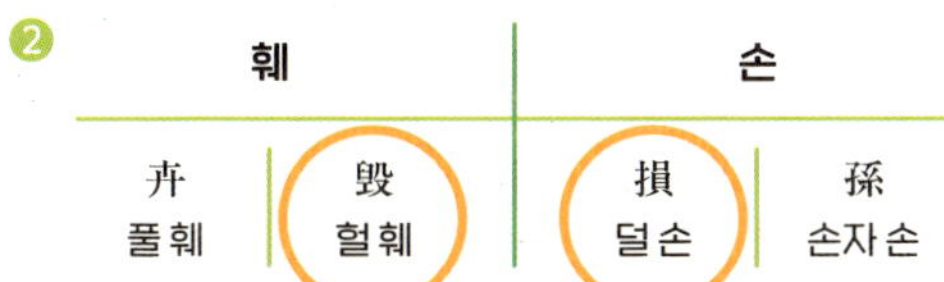

❸

2월 14일: 세계 보노보의 날

어휘가 쑥쑥

멸종 • 생물의 한 종류가 아주 없어짐.

울창하다 • 나무가 빽빽하게 우거지고 푸르다.

서식지 • 생물이 일정한 곳에 자리를 잡고 사는 곳.

2월 16일: 교토 의정서의 날

어휘가 쑥쑥

- 덜어서 줄임. **감축**
- 모자람 없이 충분하게 채움. **충족**
- 약속, 법, 공문서 따위의 효력이 나타남. **발효**
- 어떤 문제에 대해 서로 협의한 뒤 맺는 약속이나 규칙. **협약**

락	노	토	생	두	처	조	이	허
손	감	불	더	익	곤	호	괄	조
해	축	에	톱	산	충	족	바	힘
정	수	배	어	의	기	품	차	누
이	오	협	약	나	후	무	발	오
한	동	이	들	괴	애	력	효	장
로	덕	더	슬	허	포	부	다	코

2월 셋째 주 토요일: 세계 천산갑의 날

어휘가 쑥쑥

1. 밀렵: poaching
2. 포유류: mammal
3. 효능: efficacy

3월 3일: 국립 공원의 날

어휘가 쑥쑥

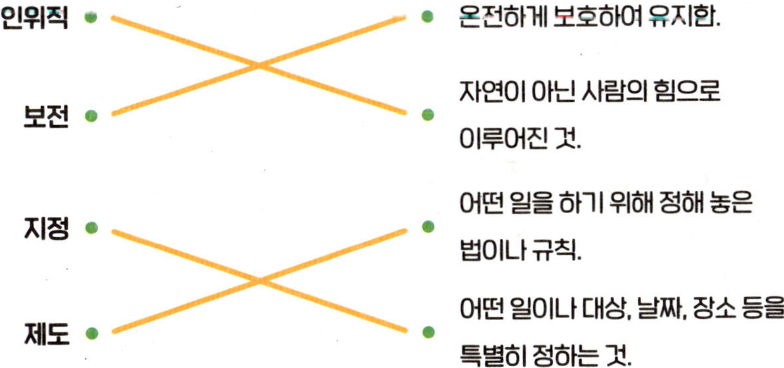

3월 11일: 후쿠시마 원전 사고일

어휘가 쑥쑥

1. 냉각수
2. 연료
3. 유출
4. 침수

3월 마지막 주 토요일: 어스 아워

어휘가 쑥쑥

			①소	등			
	②공						
	공					④자	
③호	기	심				⑤발	명
	관			⑥실	질	적	
	⑦랜	드	마	크			

4월 5일: 식목일

어휘가 쑥쑥

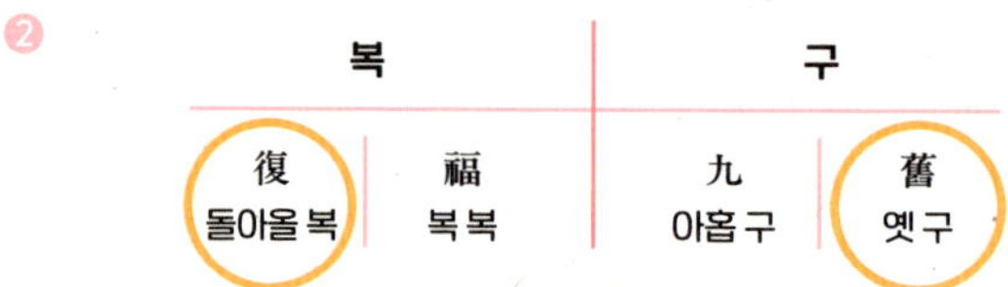

4월 22일: 지구의 날

OX 퀴즈

① O
② X: 지구의 나이는 약 45억 살입니다.
③ O
④ X: 지구 대기에서 가장 많은 기체는 질소입니다.
⑤ X: 지구는 가운데인 적도 부분이 조금 불룩하고 북극과 남극은 조금 납작한, 살짝 눌린 공 모양입니다.

어휘가 쑥쑥

터전 • 살림의 근거지가 되는 곳.

실천 • 생각한 것을 실제로 행함.

절약 • 함부로 쓰지 않고 꼭 필요한 데에만 써서 아낌.

4월 24일: 세계 실험동물의 날

어휘가 쑥쑥

- 새로운 사실이나 지식을 찾기 위해 깊이 살펴보는 일. **연구**
- 실제 상황과 비슷하게 만들어 놓고 시험하거나 연습하는 것. **시뮬레이션**
- 식물, 동물, 미생물, 세포 등을 길러서 번식시키는 것. **배양**
- 다른 것으로 대신함. **대체**

락	노	토	생	두	처	대	체	허
손	태	사	더	익	곤	호	괄	조
해	연	구	톱	산	족	배	바	힘
정	수	배	어	의	기	양	차	누
이	오	김	소	나	후	무	밤	오
한	동	이	들	괴	애	효	력	장
장	생	시	뮬	레	이	션	키	오

4월 29일: 세계 골프 없는 날

OX 퀴즈

① X: 가장 공이 작은 스포츠는 탁구입니다.

② O: 평균적인 크기의 골프장 1개가 하루에 사용하는 물의 양은 약 900톤으로, 이는 약 2,600명이 하루 동안 사용할 수 있는 물의 양입니다.

③ O: 비 온 뒤에도 빠르게 물이 빠질 수 있도록 기존의 비옥한 토양을 퍼내고, 모래와 인공 흙을 덮은 뒤 잔디를 심습니다.

어휘가 쑥쑥

1 면적: area

2 수질: water quality

3 공정: fairness

5월 10일: 바다식목일

어휘가 쑥쑥

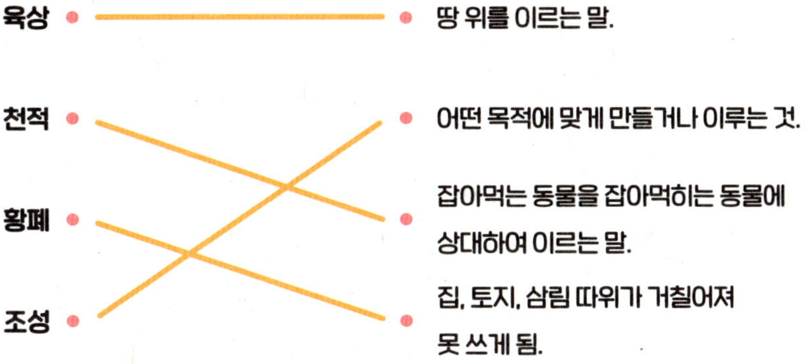

5월 둘째 주 토요일: 세계 공정 무역의 날

어휘가 쑥쑥

1. 무역
2. 권장
3. 몫
4. 부여

5월 22일: 세계 생물 다양성의 날

어휘가 쑥쑥

종 • 생물을 분류하는 기초 단위.

유전자 • 생물체의 유전 정보를 전달하는 낱낱의 요소.

무분별 • 세상 이치에 대한 바른 판단이 없음.

6월 1일: 세계 산호초 인식의 날

어휘가 쑥쑥

	❶암	초					
							❷구
						❸공	조
		❺서			❹미	생	물
		식					
❻은	신	처		❼❽방	출		
				대			

6월 5일: 환경의 날

어휘가 쑥쑥

❶

❷

❸

존		재	
存 있을 존	尊 높을 존	在 있을 재	財 재물 재

6월 17일: 세계 사막화 방지의 날

어휘가 쏙쏙

- 땅이 기름지지 못하고 몹시 메마름. **척박**
- 남극과 북극을 중심으로 한 그 주변 지역. **극지**
- 어떤 일이나 현상이 일어나지 못하게 막음. **방지**

락	노	토	생	두	처	조	이	허
손	당	불	더	익	곤	호	괄	조
해	지	척	박	산	진	주	바	힘
정	수	베	이	의	기	극	차	누
이	오	하	력	나	후	지	발	오
한	방	지	들	괴	애	누	왜	장
로	덕	더	슬	허	포	부	다	코

6월 20일: 세계 난민의 날

어휘가 쏙쏙

1. 정착: settlement
2. 생계: livelihood
3. 이주: migration

7월 3일: 세계 일회용 비닐봉지 없는 날

어휘가 쏙쏙

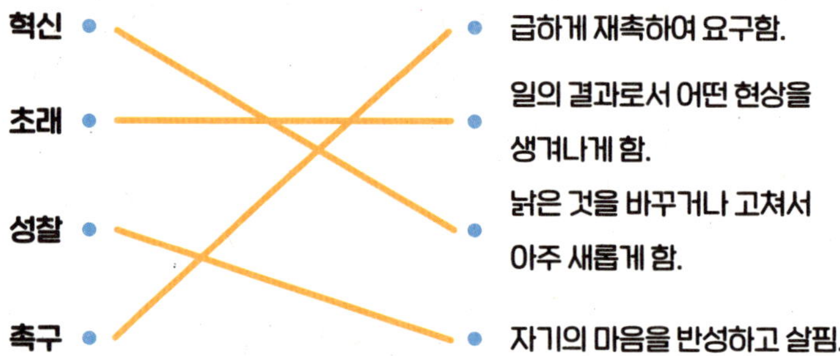

7월 6일: 세계 인수 공통 감염병의 날

어휘가 쏙쏙

1. 전파
2. 원리
3. 광범위
4. 연쇄

7월 26일: 세계 맹그로브 생태계 보존의 날

어휘가 쏙쏙

- **경계** • 두 지역이나 영역이 나뉘는 지점.
- **기여** • 도움이 되도록 이바지함.
- **목탄** • 나무를 태워 만든 숯.

8월 8일: 무궁화의 날

OX 퀴즈

① X: 무궁화는 우리나라만이 아니라 세계 여러 나라에서 자랍니다.

② O: 무궁화는 보통 하루 피고 지는 일일 개화 꽃입니다.

③ X: 무궁화는 추위에 강해 겨울을 잘 견디고 여름에 꽃을 피웁니다.

어휘가 쑥쑥

8월 12일: 세계 청소년의 날

어휘가 쑥쑥

8월 12일: 세계 코끼리의 날

어휘가 쑥쑥

- 농사짓는 데 쓰는 땅. **농경지**
- 특이하고 뛰어난 기술이나 솜씨. **묘기**
- 어떤 일에 참여하게 함. **동원**
- 품질이나 능력, 시설 따위가 매우 나쁨. **열악**

락	노	토	생	두	처	조	이	허
손	농	경	지	익	곤	동	괄	조
해	산	에	톱	산	호	원	바	힘
정	수	배	어	의	가	품	차	누
이	오	묘	매	나	후	무	우	오
한	동	기	들	괴	애	열	악	장
로	덕	더	슬	허	포	부	다	코

8월 22일: 에너지의 날

어휘가 쑥쑥

1. 폐기물: waste
2. 적정: appropriate
3. 효율: efficiency

9월 7일: 푸른 하늘의 날

어휘가 쑥쑥

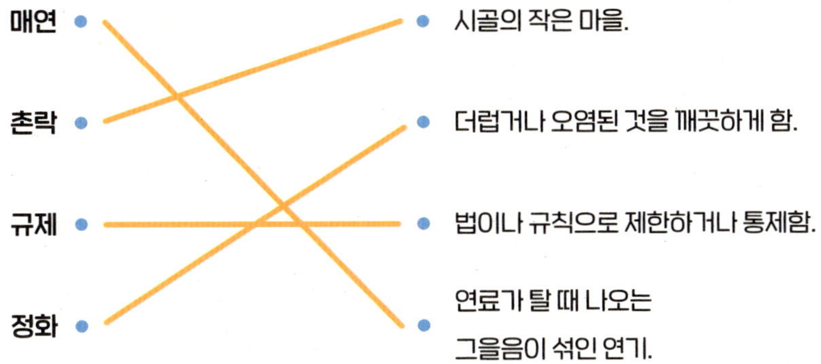

9월 7일: 곤충의 날

어휘가 쑥쑥

1. 사육
2. 함량
3. 제정

9월 29일: 세계 음식물 손실 및 음식물 쓰레기 인식의 날

어휘가 쑥쑥

유통 • 상품이나 자원이 생산자에서 소비자에게 전달되는 과정.

우려 • 근심하거나 걱정함.

가속화 • 속도를 더 빠르게 함.

10월 2일: 세계 농장 동물의 날

어휘가 쑥쑥

10월 10일: 세계 동물 찻길 사고 인식의 날

어휘가 쑥쑥

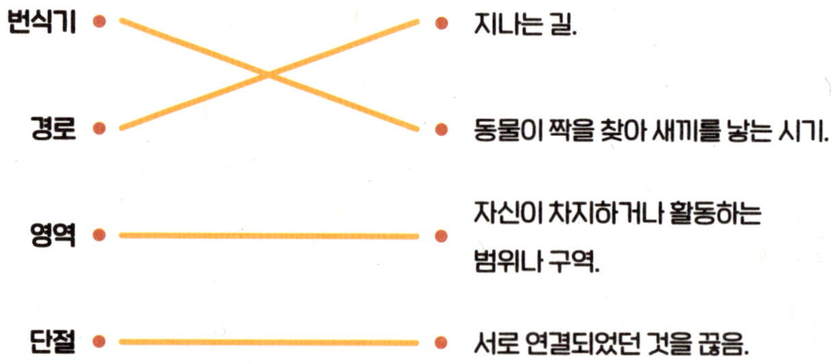

10월 16일: 세계 식량의 날

어휘가 쑥쑥

- 한쪽으로 크게 치우치는 것. **극단적**
- 변하지 않고 일정한 상태를 유지하는 것. **안정적**
- 식물을 심어 가꿈. **재배**

락	노	토	생	두	처	조	이	허
손	내	불	더	익	강	호	괄	조
해	극	에	톱	산	도	족	바	힘
정	단	배	어	안	정	적	차	누
이	적	우	라	나	후	무	발	오
한	동	이	들	괴	애	재	배	장
로	덕	더	슬	허	포	부	다	코

10월 21일: 세계 지렁이의 날

OX 퀴즈

① O: 지렁이에게는 눈이 없지만, 피부로 빛과 어둠을 느낄 수 있습니다.

② X: 지렁이는 밤에 더 활발히 움직이며 먹이를 찾습니다.

③ O: 지렁이는 피부로 빛을 느끼고 햇빛을 피해 어두운 곳으로 숨습니다.

④ X: 지렁이는 입이 있지만 소리를 낼 수 없습니다.

⑤ O: 지렁이는 종류에 따라 2미터에서 3미터까지 자라기도 합니다.

어휘가 쏙쏙

1. 분해: decomposition
2. 배설물: excrement
3. 순환: circulation

11월 6일: 세계 전쟁 및 무력 분쟁 중 환경 파괴 방지의 날

어휘가 쏙쏙

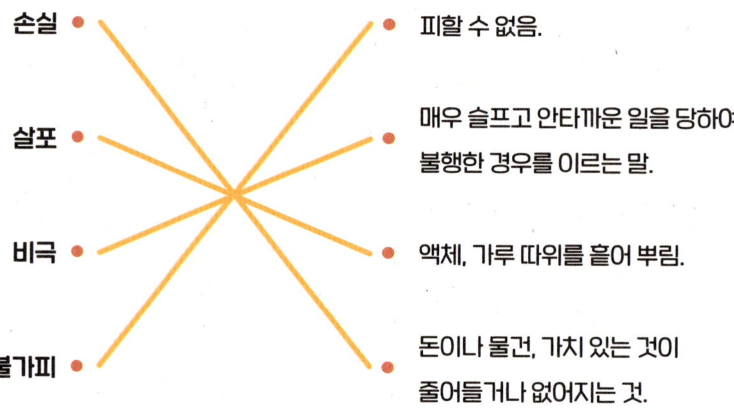

11월 10일: 평화와 발전을 위한 세계 과학의 날

어휘가 쏙쏙

1. 기술
2. 고려
3. 이면

11월 마지막 주 금·토요일: 아무것도 사지 않는 날

어휘가 쑥쑥

	❶❷ 소	비				❹❺ 악	화
	모			❸ 파		영	
				손		향	
❻❼ 마	케	팅					
중					❽ 충	동	적
물							

12월 3일: 소비자의 날

어휘가 쑥쑥

권리 ● 어떤 일을 행하거나 타인에 대하여 당연히 요구 할 수 있는 힘이나 자격.

책임 ● 맡아서 해야 할 임무나 의무.

요구 ● 필요한 것을 마땅히 달라고 청함.

12월 4일: 야생 동물 보호의 날

어휘가 쑥쑥

❶

12월 7일: 태안 기름 유출 사고의 날

어휘가 쑥쑥

- 필요로 하거나 요구되는 바. **소요**
- 어떤 일을 대가 없이 자발적으로 참여하여 도움. **자원봉사**
- 어려움이나 문제를 이겨 내고 해결함. **극복**

락	노	토	생	두	처	조	이	허
김	자	원	봉	사	곤	호	괄	조
해	생	에	톱	산	나	키	극	힘
정	수	배	어	의	사	품	복	누
이	오	소	요	나	후	부	발	오
한	동	이	들	괴	애	다	이	장

12월 20일: 세계 인류 연대의 날

어휘가 쑥쑥

1. 지지: **support**
2. 확장: **expansion**
3. 소외: **isolation**